Basic English Talk

Basic English Talk

이상혁 지음

한국문화사

┃머리말┃

　영어로 의사소통을 할 수 있는 능력이 절실히 요구되는 시대적 상황 속에서 우리 한국인에게 맞는 영어말하기 교재를 만들어 보아야겠다는 결심을 하게 되었습니다. 영어를 배우고 공부하는 분들 뿐만 아니라 영어를 가르치는 분들이 평소에 관심과 흥미를 가지고 비교적 쉬운 영어로 이야기할 수 있는 질문과 소재를 잘 정리해서 Basic English Talk이라는 멋진 교재가 드디어 세상 밖으로 나오게 되었습니다.

　교재의 구성은 먼저 학습자들이 던지고자 하는 질문에 대한 적절한 대답을 제시한 후 그 속에서 발견할 수 있는 필수적이고 유용한 단어와 표현 그리고 기본문법을 익힐 수 있는 테스트로 이루어져 있습니다. 그다음으로 각 단원의 주제와 관련된 여러 가지 질문에 대한 샘플 답변을 통해서 반드시 배우고 익혀야 할 영어표현들을 소개하고 있습니다. 본 교재는 개인용 뿐만 아니라 초중고 대학, 사설학원, 그리고 평생교육원의 수업 과 강의, 취업을 위한 영어면접 대비, 해외연수 및 유학준비 등을 위해 알맞게 짜여지고 구성되어져 있습니다.

　본 교재의 내용을 성실히 공부하고 익힌다면 기본적인 영어 말하기에 대한 자신감을 갖게 될 것이라고 확신하는 바입니다. 아무쪼록 본 교재를 통해서 영어에 대한 관심과 흥미를 지속적으로 가질 수 있기를 바랍니다. Basic English Talk을 선택한 모든 분들의 건투를 빕니다.

지은이 이상혁

Contents

1. Allow me to introduce myself. ············· 9
2. What is your daily routine? ············· 19
3. How do you celebrate your birthday? ············· 29
4. How do you relieve your stress? ············· 36
5. What is your favorite food? ············· 46
6. Do you sleep well at night? ············· 55
7. Smoking and Drinking ············· 65
8. Are you overweight? ············· 75
9. How can you improve your English? ············· 83
10. Cultural Differences ············· 93
11. What is the most impressive movie you have ever seen? ············· 99
12. Is it better to be single or married? ············· 108
13. What do you mean by "It's a piece of cake."? · 117
14. What are your priorities in getting a job? ············· 123
15. Smartphone Addiction ············· 131
16. Do you believe in life after death? ············· 141
17. What do you think about Dutch treat? ············· 151
18. Ways to come up with new ideas ············· 161
19. Do you keep a diary or journal? ············· 170
20. Have you ever been to overseas? ············· 176

21. Why are you so different? ······················ 184
22. We should watch what we say. ················ 193
23. Look on the bright side of things. ············· 201
24. Do you spend your time wisely? ··············· 209
25. Are you looking for a job? ····················· 218
26. Let's go shopping! ······························ 226
27. How do you commute to work? ················ 237
28. Global Warming ································· 246
29. What gives you real joy and happiness? ········ 255
30. Finding the right person for you ··············· 262

1. Allow me to introduce myself.

Hello, everyone. My name is Minsu Kim. My English name is Daniel. I was born and raised in Seoul, South Korea. I go to Daehan University. I am majoring in Computer Science. I am a sophomore. There are four members in my family. They are my parents, a younger sister, and me. My father is a businessman and my mother is a homemaker. My sister is a high school student.

I usually watch movies or play computer games when I am free. I like eating hamburgers and pizza. My favorite movie star is Jim Carrey. I like him because all of his movies are funny and interesting. I want to be a computer expert after graduation.

Part A: Choose the best answer to fill in the blank.

1. I was born and _____ in Seoul, South Korea.
   (a) raise   (b) raises   (c) raising   (d) raised

2. I am majoring _____ Computer Science.
   (a) at   (b) in   (c) on   (d) for

3. I usually watch movies or _____ computer games when I am free.
   (a) play   (b) plays   (c) playing   (d) to play

4. I like him because all of his movies are funny and _____.
   (a) interest   (b) interests   (c) interesting   (d) interested

5. I want to be a computer expert after _____.
   (a) graduate   (b) graduates   (c) graduating   (d) graduation

Part B. Answer the following questions in English.

1. What is your name?
   Korean name: English name:

2. Where were you born?

3. Where do you go to school?

4. Tell me about your family.

5. What's your favorite food?
   Why do you like it?

6. What do you usually do when you are free?

7. Who is your favorite actor/actress?
   Why do you like him/her?

8. Who do you admire the most?
   Why do you admire him/her?

9. Tell me three things that you like about yourself.

10. What do you want to do after graduation?

제 자신을 소개해 드리겠습니다.

여러분 안녕하십니까? 저의 이름은 김민수입니다. 영어 이름은 다니엘(Daniel) 입니다. 저는 대한민국 서울에서 태어나고 자라났습니다. 저는 대한대학교에 재학 중입니다. 저는 컴퓨터사이언스를 전공하고 있습니다. 저는 대학교 2학년입니다. 저의 가족은 네 사람입니다. 부모님과 여동생 그리고 저입니다. 저의 아버지는 사업가이며 저의 어머니는 가정주부입니다. 여동생은 고등학교 학생입니다.

저는 시간이 나면 주로 영화를 보거나 컴퓨터게임을 합니다. 저는 햄버거와 피자를 좋아합니다. 가장 좋아하는 영화배우는 짐 캐리(Jim Carrey)입니다. 저는 그가 나오는 모든 영화가 웃기고 재미있어서 그를 좋아합니다. 저는 대학졸업 후에 컴퓨터 전문가가 되고 싶습니다.

Part A 정답 및 풀이

1. I was born and _____ in Seoul, South Korea.
   (a) raise   (b) raises   (c) raising   (d) raised

정답: (d) raised
이 문장은 'I was born in Seoul and I was raised in Seoul, South Korea.'라는 문장에서 'I was born in Seoul.'이라는 표현이 문장 앞에 나와 있으므로 'I was raised in Seoul.'이라는 표현 중 'I was'가 생략된 것입니다. 물론 and 앞의 'in Seoul'이라는 표현도 and뒤에 in Seoul이 있기 때문에 생략된 것입니다. 서울에서 부모님에 의해서 태어났고 양육되어졌으므로 수동태로 표현되었습니다.

문장 해석: 저는 대한민국 서울에서 태어나고 자라났습니다.

2. I am majoring _____ Computer Science.
    (a) at   (b) in   (c) on   (d) for

정답: (b) in
지금 현재 대학에서 컴퓨터과학을 전공하고 있는 중이므로 현재진행형시제를 사용한 문장입니다. 물론 우리말을 그대로 영어로 옮겨서 'My major is Computer Science.'라고 해도 문법적으로 아무런 문제가 없습니다. 하지만 원어민들은 'major in' 다음에 전공과목을 넣어서 사용하는 경향이 많기 때문에 'major in'이라는 표현을 알고 있으면 좋을 것 같습니다. 'I am majoring in + 전공과목'이라는 표현을 알아둡시다.
문장 해석: 저는 컴퓨터과학을 전공하고 있습니다.

3. I usually watch movies or _____ computer games when I am free.
    (a) play   (b) plays   (c) playing   (d) to play

정답: (a) play
문장 중 생략된 부분을 살려서 다시 표현하면 'I usually watch movies or I usually play computer games when I am free.'가 되며 'I usually'라는 표현이 or 앞에 이미 나와 있으므로 or 뒤에서는 생략되었습니다. 따라서 주어가 'I'이므로 동사는 play가 되어야 합니다.
문장 해석: 저는 시간이 나면 주로 영화를 보거나 컴퓨터게임을 합니다.

4. I like him because all of his movies are funny and _____.
    (a) interest   (b) interests   (c) interesting   (d) interested

정답: (c) interesting
'funny'는 형용사로 '웃기는'이라는 말입니다. and 앞에 형용사가 나와 있으므로 그 뒤에도

형용사가 나오는 것이 자연스럽습니다. 따라서 '재미있는'이라는 뜻을 지닌 'interesting'이라는 표현이 적절합니다.

문장 해석: 저는 그가 나오는 모든 영화가 웃기고 재미있어서 그를 좋아합니다.

5. I want to be a computer expert after _____.
   (a) graduate   (b) graduates   (c) graduating   (d) graduation

정답: (d) graduation

'after'는 전치사이므로 그 뒤에는 명사가 나옵니다. 즉 전치사의 목적어는 명사입니다. 따라서 명사인 'graduation'이 가장 적절합니다. '졸업 후에'라는 표현으로 'after graduation'을 알아 둡시다.

문장 해석: 저는 대학졸업 후에 컴퓨터 전문가가 되고 싶습니다.

Part B 샘플 답변 및 해설

1. What is your name?(이름이 어떻게 되죠?)
   Korean name:(한국 이름:)   English name:(영어 이름:)

   Sample Short Answers(샘플 답변)
   Person A: My name is Minsu Kim. My English name is Jason.
             (제 이름은 김민수입니다. 저의 영어 이름은 Jason입니다.)
   Person B: My name is Yoojin Lee. My English name is Grace.
             (제 이름은 이유진입니다. 저의 영어 이름은 Grace입니다.)

2. Where were you born?(어디에서 태어났죠?)

   Sample Short Answers(샘플 답변)
   Person A: I was born in Seoul.(저는 서울에서 태어났어요.)

Person B: I was born in Chicago.(저는 시카고에서 태어났어요.)

3. Where do you go to school?(어느 학교에 다니세요?)

Sample Short Answers(샘플 답변)
Person A: I go to Daehan University.(저는 대한대학교에 다닙니다.)
Person B: I go to Yale University.(저는 예일대학교에 다닙니다.)

4. Tell me about your family.(가족에 대해서 말씀해 보세요.)

Sample Short Answers(샘플 답변)
Person A: There are five people in my family. They are my parents, an older brother, a younger sister, and me. My father is a public servant. My mother is an elementary school teacher. My brother runs his own business in Busan. My sister is a university student.
(저의 식구는 다섯 명입니다. 부모님과 형 그리고 여동생이 있습니다. 저의 아버지는 공무원이며 저의 어머니는 초등학교 교사입니다. 저의 형은 부산에서 사업을 하고 있습니다. 저의 여동생은 대학생입니다.)
Person B: There are three members in my family. They are my parents and me. I am the only child in my family. My father is a businessman. My mother is a homemaker. I am a university student.
(저의 식구는 세 명입니다. 부모님과 저예요. 저는 외동입니다. 저의 아버지는 사업가입니다. 저의 어머니는 가정주부입니다. 저는 대학생입니다.)

5. What's your favorite food?(가장 좋아하는 음식은 무엇입니까?)
   Why do you like it?(왜 그 음식을 좋아합니까?)

Sample Short Answers(샘플 답변)
Person A: I like fried chicken because it is delicious.
(저는 닭튀김을 좋아해요. 맛있으니까요.)

Person B: My favorite food is pizza. I like pizza because it tastes good.
(제가 가장 좋아하는 음식은 피자입니다. 저는 피자가 맛있어서 좋아해요.)

6. What do you usually do when you are free?
(여가 시간에 주로 무엇을 하십니까?)

Sample Short Answers(샘플 답변)
Person A: I go window shopping when I am free.
(저는 여가 시간에 아이쇼핑을 합니다.)
Person B: I usually go to the movies.
(저는 주로 영화를 보러 갑니다.)
Person C: I like to watch TV and play computer games in my free time.
(저는 여가시간에 TV를 보고 컴퓨터게임을 하는 것을 좋아합니다.)

7. Who is your favorite actor/actress?(가장 좋아하는 배우는 누구입니까?)
Why do you like him/her?(왜 그 배우를 좋아합니까?)

Sample Short Answers(샘플 답변)
Person A: My favorite movie star is Brad Pitt. He is a handsome and energetic actor. He is also a film producer.
(제가 가장 좋아하는 배우는 Brad Pitt입니다. 그는 잘생기고 열정적인 배우입니다. 그는 또한 영화 제작자입니다.)
Person B: My favorite actress is Jo Yuri. She is a singer and actress. She is very cute and attractive. That's why I love watching her videos on Youtube.
(제가 가장 좋아하는 배우는 조유리입니다. 그녀는 가수이면서 배우입니다. 그녀는 매우 귀엽고 매력적입니다. 그게 바로 제가 그녀의 유튜브 비디오를 보는 것을 좋아하는 이유입니다.)
Person C: I like Song Kang-ho. He is one of the leading actors in Korea. He is famous for taking on various roles such as a gangster, soldier,

wrestler, and many others. He is a great actor.
(저는 송강호를 좋아합니다. 그는 한국의 주연배우 중 한 사람입니다. 그는 조폭, 군인, 레슬링선수, 그리고 다른 많은 여러 가지 역할을 맡은 것으로 유명합니다. 그는 훌륭한 배우입니다.)

8. Who do you admire the most?(누구를 가장 존경합니까?)
   Why do you admire him/her?(왜 그를 존경합니까?)

   Sample Short Answers(샘플 답변)
   Person A: I admire King Sejong the most. He created Hangul, which is the Korean alphabet. He appointed people from different social classes as civil servants.
   (저는 세종대왕은 가장 존경합니다. 그분은 한국어 알파벳인 한글을 만드셨습니다. 그는 사회적 계층이 다른 출신의 사람들을 문관으로 임명했습니다.)
   Person B: I admire my father because he is always there for me when I need him. He also helps my mother with the housework.
   (저는 아버지를 존경합니다. 제가 도움이 필요할 때마다 항상 제 곁에 계시기 때문입니다. 아버지는 또한 어머니가 집안일을 하는 것을 도와드립니다.)

9. Tell me three things that you like about yourself.
   (자신에 대해서 마음에 드는 점 세 가지를 말씀해 보세요.)

   Sample Short Answers(샘플 답변)
   Person A: I like myself because I am a diligent, creative, and generous person.
   (저는 제가 부지런하고 창의적이며 관대한 사람이라서 제 자신이 마음에 듭니다.)
   Person B: I like myself because I have a sense of humor. I always make others happy. I am a creative and outgoing person. Whatever I do, I try to do my best.
   (저는 유머감각이 있어서 제가 마음에 듭니다. 저는 항상 다른 사람들을 행복하

게 해 줍니다. 저는 창의적이고 적극적인 사람이며 무엇을 하든지 최선을 다하기 위해 노력합니다.)

10. What do you want to do after graduation?
    (졸업 후에 무엇을 하기 원하십니까?)

    Sample Short Answers(샘플 답변)
    Person A: I want to go to graduate school after graduation.
              (저는 졸업 후에 대학원에 진학하기 원합니다.)
    Person B: I want to start my own business after graduation.
              (저는 졸업 후에 사업을 시작하기 원합니다.)
    Person C: I want to get a job at a trading company after graduation.
              (저는 졸업 후에 무역회사에 취업하기 원합니다.)

2. What is your daily routine?

I usually wake up at around 7 o'clock in the morning. I drink a glass of water first thing in the morning. Then I wash my face and brush my teeth. I eat breakfast and get ready for school. I take the subway to school.

I am taking 6 different classes this semester. One of my favorite classes is Dr. Lee's Basic English Talk because I like studying English. I eat lunch at the school cafeteria with my friends. I sometimes take a short nap between classes. After school, I usually go to the library to read some books.

When I get back home from school, I clean up my room and do homework assignments. And then I take a little break and do whatever I want to do. I listen to music or do internet surfing. I usually go to bed at around 11 o'clock at night.

Part A: Choose the best answer to fill in the blank.

1. I usually wake up _____ around 7 o'clock in the morning.
   (a) on   (b) at   (c) in   (d) by

2. I eat breakfast and get ready _____ school.
   (a) to   (b) before   (c) at   (d) for

3. I am _____ 6 different classes this semester.

    (a) take   (b) takes   (c) taking   (d) to take

4. I usually go to the library after school _____ some books.
   (a) read   (b) reads   (c) reading   (d) to read

5. I clean up my room _____ I get back home from school
   (a) when   (b) that   (c) even   (d) while

Part B. Rewrite the underlined word or phrase correctly.

1. I wash my face and brush my <u>tooth</u>.

2. I sometimes take a short nap <u>between class</u>.

3. I take a little break and <u>doing</u> whatever I want to do.

4. I usually get back <u>to home</u> from school at around 7 o'clock in the evening.

Part C. Answer the following questions in English.

1. What is the first thing you do in the morning?

2. What do you usually have for breakfast?

3. How do you go to school?

4. Do you prefer to take the bus or the subway to school? Why?

5. How long does it take for you to go to school?

6. Do you work part-time? If you do, where do you work? Why do you work part-time?

7. What do you usually do after school?

8. How do you spend your weekend?

9. Do you take a shower before you go to bed?

10. Do you want to live on campus or off campus? Why?

매일의 스케줄이 어떻게 되십니까?

저는 주로 아침 7시경에 일어납니다. 아침에 일어나면 맨 먼저 물 한 잔을 마십니다. 그런 다음 세수를 하고 이를 닦습니다. 아침식사를 하고 학교 갈 준비를 합니다. 저는 지하철을 타고 학교에 갑니다. 이번 학기에 6개의 강좌를 수강합니다. 가장 좋아하는 수업 중 하나는 이박사님의 Basic English Talk입니다. 영어 공부를 좋아하기 때문이죠. 저는 친구와 함께 학교 구내식당에서 점심식사를 합니다. 때때로 수업 사이에 비는 시간에 짧은 낮잠을 자기도 합니다. 수업이 끝나면 저는 대개 책을 읽기 위해 도서관에 갑니다.

학교에서 집으로 돌아오면 방을 청소하고 과제를 합니다. 그런 다음에는 휴식을 취하고 제가 하고 싶은 것을 합니다. 음악을 듣거나 인터넷 검색을 합니다. 저는 주로 밤 11시경에 잠자리에 듭니다.

Part A 정답 및 풀이 ─────────────

1. I usually wake up _____ around 7 o'clock in the morning.
   (a) on   (b) at   (c) in   (d) by

   정답: (b) at
   시간 앞에는 전치사 at을 쓴다는 것을 알면 풀기 쉬운 문제입니다.
   문장 해석: 저는 주로 아침 7시경에 일어납니다.

2. I eat breakfast and get ready _____ school.
   (a) to   (b) before   (c) at   (d) for

정답: (d) for
'학교에 갈 채비를 하다'를 영어로 표현하면 'get ready for school'입니다.
문장 해석: 저는 아침식사를 하고 학교 갈 준비를 합니다.

3. I am _____ 6 different classes this semester.
   (a) take   (b) takes   (c) taking   (d) to take

정답: (c) taking
'수업을 수강하다'라는 표현은 영어로 'take a class(수업이 하나일 때)' 혹은 'take classes(수업이 둘 이상일 때)'라고 합니다. 그리고 현재 6개의 수업을 수강하고 있는 중이므로 현재진행형시제를 사용한 것입니다.
문장 해석: 저는 이번 학기에 6개의 강좌를 수강합니다.

4. After school, I usually go to the library _____ some books.
   (a) read   (b) reads   (c) reading   (d) to read

정답: (d) to read
'~하기 위해서'라는 표현은 영어로 'to+동사원형'의 형태로 사용되기도 합니다. '책을 몇 권 읽기 위해서'라는 표현은 'to read some books'라고 하면 됩니다.
문장 해석: 수업이 끝나면 저는 대개 책을 읽기 위해 도서관에 갑니다.

5. I clean up my room _____ I get back home from school
   (a) when   (b) that   (c) even   (d) while

정답: (a) when
문장의 의미상 '학교에서 귀가한 그때에'라는 말이 필요하므로 정답은 'when'입니다.
문장 해석: 저는 학교에서 집으로 돌아오면 방청소를 합니다.

Part B. 정답 및 풀이

1. I wash my face and brush my <u>tooth</u>.

   정답: tooth → teeth
   만약에 'brush my tooth'라고 한다면 이빨이 한 개 있는데 양치질한다는 의미이므로 'brush my teeth'라고 표현해야 자연스럽습니다.
   문장 해석: 저는 세수를 하고 양치질을 합니다.

2. I sometimes take a short nap <u>between class</u>.

   정답: between class → between classes
   '수업과 수업 사이', '공강 시간'이라는 의미이므로 class의 복수형인 classes를 써야 합니다.
   문장 해석: 저는 때때로 수업 사이에 비는 시간에 짧은 낮잠을 자기도 합니다.

3. I take a little break and <u>doing</u> whatever I want to do.

   정답: doing → do
   and 앞에 주어와 동사로 이루어진 절(clause)가 있으므로 and 뒤에도 주어와 동사가 필요합니다. and 뒤의 주어는 'I'이며 동사는 'do'입니다. 생략된 부분을 살려서 완전한 문장으로 만들면 'I take a little break and I do whatever I want to do.'입니다. 여기서 and 뒤의 'I'를 생략하면 동사 'do'가 남습니다.
   문장 해석: 저는 약간의 휴식을 취하고 제가 하고 싶은 것을 합니다.

4. I usually get back <u>to home</u> from school at around 7 o'clock in the evening.

   정답: to home → home
   home은 주로 'get back home', 'go back home', 'come back home'처럼 home 앞에 to 없이 쓰입니다. 따라서 get back to home이 아니라 get back home이라고

쓰인다는 사실을 알아둡시다.
문장 해석: 저는 대개 저녁 7시경에 학교에서 집으로 돌아옵니다.

Part C. 샘플 답변 및 해설

1. What is the first thing you do in the morning?
   (아침에 일어나자마자 맨 먼저 무엇을 하십니까?)

   Sample Short Answers(샘플 답변)
   Person A: I usually drink a glass of water first thing in the morning.
              (저는 대개 아침에 일어나자마자 맨 먼저 물 한잔을 마십니다.)
   Person B: I always wash my face and brush my teeth.
              (저는 항상 세수를 하고 이빨을 닦습니다.)

2. What do you usually have for breakfast?
   (주로 아침식사로 무엇을 드십니까?)

   Sample Short Answers(샘플 답변)
   Person A: I have a bowl of rice and some side dishes for breakfast.
              (저는 아침식사로 밥 한 공기와 반찬을 먹습니다.)
   Person B: I usually have scrambled egg and bacon for breakfast.
              (저는 대개 아침식사로 스크램블드에그와 베이컨을 먹습니다.)

3. How do you go to school?(어떻게 학교에 가십니까?)

   Sample Short Answers(샘플 답변)
   Person A: I take the bus to school.(저는 버스를 타고 학교에 갑니다.)
   Person B: I usually take the subway to school.
              (저는 주로 지하철을 타고 학교에 갑니다.)
   Person C: I walk to school.(저는 걸어서 학교에 갑니다.)

4. Do you prefer to take the bus or the subway to school?
   (학교에 버스를 타고 가는 것을 더 좋아합니까 아니면 지하철을 타고 가는 것을 더 좋아하십니까?)
   Why?(왜 그렇습니까?)

   Sample Short Answers(샘플 답변)
   Person A: I prefer to take the subway to school because I live close to a subway station.
   (저는 지하철역 근처에 살기 때문에 지하철을 타고 학교에 가는 것을 선호합니다.)
   Person B: I prefer to take the bus to school because there are plenty of seats on the bus.
   (저는 버스를 타고 학교에 가는 것을 선호합니다. 왜냐하면 버스에는 빈자리가 많기 때문입니다.)

5. How long does it take for you to go to school?
   (학교에 가는 데 시간이 얼마나 걸립니까?)

   Sample Short Answers(샘플 답변)
   Person A: It takes me around 40 minutes to go to school by bus.
   (버스로 학교에 가는 데 약 40분 걸립니다.)
   Person B: It takes about 30 minutes for me to walk from my home to school.
   (걸어서 학교에 가는 데 약 30분이 걸립니다.)

6. Do you work part-time? If you do, where do you work?
   (아르바이트를 하나요? 그렇다면 어디에서 일하세요?)
   Why do you work part-time?(왜 아르바이트를 합니까?)

   Sample Short Answers(샘플 답변)
   Person A: Yes, I do. I work part time. I work at a convenience store. I work

part time to pay for living expenses while in school.
(예, 저는 아르바이트를 합니다. 편의점에서 일합니다. 저는 재학 중 생활비를 벌기 위해서 아르바이트를 합니다.)

Person B: I am working part time at McDonald's. I enjoy working at a hamburger restaurant.
(저는 맥도날드에서 아르바이트를 하고 있습니다. 저는 햄버거 레스토랑에서 일하는 것을 즐깁니다.)

7. What do you usually do after school?
(방과 후에 주로 무엇을 합니까?)

Sample Short Answers(샘플 답변)
Person A: I usually go to the library to study.
(저는 주로 공부를 하기 위해 도서관에 갑니다.)
Person B: I usually go to the fitness center to work out.
(저는 주로 운동을 하기 위해 헬스클럽에 갑니다.)
Person C: I usually hang out with my friends or play computer games.
(저는 주로 친구와 함께 어울려 놀거나 컴퓨터게임을 합니다.)

8. How do you spend your weekend?(주말을 어떻게 보내십니까?)

Sample Short Answers(샘플 답변)
Person A: I hang out with my friends on weekends.
(저는 주말이면 친구들과 함께 어울려 시간을 보냅니다.)
Person B: I go to the movies with my friends.
(저는 친구들과 영화를 보러갑니다.)

9. Do you take a shower before you go to bed?
(잠자리에 들기 전에 샤워를 합니까?)

Sample Short Answers(샘플 답변)

Person A: Yes, I usually take a shower before going to bed. It helps me sleep well at night.
(예, 저는 주로 잠자리에 들기 전에 샤워를 합니다. 밤에 잠을 잘 잘 수 있기 때문입니다.)

Person B: I sometimes take a shower before going to bed. I get really tired when I get back home from school.
(저는 때때로 잠자리에 들기 전에 샤워를 합니다. 학교에서 귀가하면 너무 피곤합니다.)

10. Do you want to live on campus or off campus?
(학교 기숙사에서 생활하기 원합니까 아니면 학교 밖에서 생활하기 원하십니까?)
Why?(왜 그렇습니까?)

Sample Short Answers(샘플 답변)

Person A: I want to live in the dorm because there are a lot of exciting things to do on campus.
(저는 학교 안에서 할 수 있는 많은 흥미진진한 일들이 있기 때문에 기숙사에서 살기 원합니다.)

Person B: I want to live off campus because I can have my own room. I can enjoy more freedom.
(저는 학교 밖에서 생활하기 원합니다. 왜냐하면 혼자 방을 쓸 수 있으니까요. 그리고 더 많은 자유를 누릴 수 있기 때문이죠.)

3. How do you celebrate your birthday?

I celebrate my birthday with my friends and family. My birthday falls on December 12th. It's around the final exam period. I really get busy preparing for all kinds of tests at this time of the year. But I don't want to miss my birthday. I always do something special to celebrate my birthday.

I invite my friends over to my place. I get all kinds of gifts from my friends. And, in return, I treat them to a nice lunch or dinner. We usually go to a fancy restaurant in downtown. I also get gifts from my parents, too. I think I should be thankful to them because they gave birth to me.

I love myself and all the people around me. And you know what? This year, one of my friends from elementary school sent me a little gift on my birthday. I was really touched. She still remembered my birthday. We were best friends back then. I'm going to do something special on her birthday, too.

Part A: Choose the best answer to fill in the blank.

1. My birthday falls _____ December 12th.
   (a) in   (b) on   (c) for   (d) at

2. I really get busy preparing _____ all kinds of tests.
   (a) for   (b) with   (c) in   (d) at

3. I always do something special _____ my birthday.
   (a) celebrate   (b) celebrates   (c) celebration   (d) to celebrate

4. And, _____ return, I treat them to a nice lunch or dinner.
   (a) for   (b) on   (c) in   (d) by

5. I think I should be thankful to them _____ they gave birth to me.
   (a) when   (b) because   (c) if   (d) although

Part B. Answer the following questions in English.

1. How do you celebrate your birthday?

2. Have you ever had a surprise party for yourself or someone else?

3. What is the best birthday gift you have ever received?

4. What would you like to get most for your next birthday?

5. Which is a better present, a well-chosen gift or money?

6. How do you celebrate your parents' birthday?

어떻게 생일을 축하하십니까?

저는 저의 친구와 가족과 함께 저의 생일을 축하합니다. 저의 생일은 12월 12일입니다. 기말고사가 있는 기간입니다. 연중 이맘때가 되면 저는 여러 시험을 준비하느라고 정말 바쁩니다. 하지만 저는 제 생일을 축하받고 싶습니다. 저는 제 생일을 축하하기 위해서 항상 어떤 특별한 것을 합니다.

저는 친구들을 저의 집으로 초대합니다. 저는 친구들로부터 온갖 선물들을 받습니다. 그리고 그 보답으로 저는 친구들에게 근사한 점심이나 저녁식사를 대접합니다. 우리는 주로 시내에 있는 멋진 고급 레스토랑에 갑니다. 그리고 또 저는 저의 부모님들로 부터도 선물을 받습니다. 저는 부모님들에게 감사를 해야 한다고 생각합니다. 왜냐하면 저를 낳아주셨기 때문입니다.

저는 제 자신과 저의 주위에 있는 사람들을 사랑합니다. 그리고 또 이거 아세요? 올해는 제 생일날 초등학교 시절 친구가 저에게 선물을 하나 보내왔습니다. 저는 정말 감동을 받았습니다. 그녀는 여전히 저의 생일을 기억하고 있었습니다. 우리는 초등학교 시절 절친한 친구였습니다. 저도 그 친구의 생일날에 어떤 특별한 것을 할 계획입니다.

Part A 정답 및 풀이 ─────────────────

1. My birthday falls _____ December 12th.
   (a) in (b) on (c) for (d) at

   정답: (b) on

'크리스마스는 12월 25일입니다.'를 영어로 하면 'Christmas falls on December 25th.'라고 멋지게 표현할 수 있습니다. 또한, 'Thanksgiving Day falls on November 24th'라고 하면 '추수감사절은 11월 24일입니다.'라는 뜻입니다.
문장 해석: 제 생일은 12월 12일입니다.

2. I really get busy preparing _____ all kinds of tests.
   (a) for   (b) with   (c) in   (d) at

정답: (a) for
'prepare for'는 '~을 준비하다'라는 뜻의 숙어입니다. 잘 쓰이는 표현이므로 반드시 알아둡시다. 그리고 'get busy ~ing'는 '~하느라 바쁘다'라는 말입니다.
문장 해석: 저는 여러 시험을 준비하느라 정말 바쁩니다.

3. I always do something special _____ my birthday.
   (a) celebrate   (b) celebrates   (c) celebration   (d) to celebrate

정답: (d) to celebrate
'~하기 위해서'를 표현하기 위해 to부정사가 필요합니다.
문장 해석: 저는 제 생일을 축하하기 위해서 항상 어떤 특별한 것을 합니다.

4. And, _____ return, I treat them to a nice lunch or dinner.
   (a) for   (b) on   (c) in   (d) by

정답: (c) in
'in return'은 우리말로 '답례로', 혹은 '~에 대한 보답으로'라는 뜻을 가진 숙어입니다.
문장 해석: 그리고 그 보답으로 저는 친구들에게 근사한 점심이나 저녁식사를 대접합니다.

5. I think I should be thankful to my parents _____ they gave birth to me.
   (a) when   (b) because   (c) if   (d) although

정답: (b) because

부모님께 감사해야 할 이유가 바로 나를 낳아준 것이라고 말하는 것이 자연스럽게 들립니다. 따라서 'I think I should be thankful to my parents.'라는 문장과 'They gave birth to me.'를 가장 잘 연결시켜줄 수 있는 말은 because입니다.

문장 해석: 저는 부모님께서 절 낳아주셨기 때문에 부모님께 감사해야 된다고 생각합니다.

Part B. 샘플 답변 및 해설

1. How do you celebrate your birthday?(생일을 어떻게 보내세요?)

   Sample Short Answers(샘플 답변)
   Person A: I invite my friends to my home and have a birthday party.
   (저는 집에 친구들은 초대해서 생일파티를 해요.)
   Person B: I usually eat out at a nice restaurant with my family.
   (저는 주로 가족들과 함께 멋진 레스토랑에서 식사해요.)

2. Have you ever had a surprise party for yourself or someone else?
   (자신을 위해서 혹은 다른 사람을 위해서 깜짝 파티를 한 적이 있습니까?)

   Sample Short Answers(샘플 답변)
   Person A: I guess I've never had a surprise party in my entire life.
   (제 생각에는 지금까지 한 번도 깜짝 파티를 한 적이 없는 것 같습니다.)
   Person B: Yes, I've had a few surprise parties so far. And I am planning to have another one sooner or later.
   (예, 지금까지 몇 번 깜짝 파티를 한 적이 있습니다. 그리고 조만간 또 한 번 깜짝 파티를 마련할 계획입니다.)

3. What is the best birthday gift you have ever received?
   (지금까지 받아 본 가장 좋은 생일 선물은 무엇입니까?)

Sample Short Answers(샘플 답변)

Person A: I received a gift certificate worth 50,000 won from my best friend.
(저는 제 절친한 친구로부터 5만원 상품권을 받았습니다.)

Person B: My boyfriend took me to a fancy restaurant and gave me a gorgeous necklace on my birthday.
(제 남자친구가 제 생일날 근사한 레스토랑에 데려 갔으며 그리고 아주 멋진 목걸이를 선물로 주었습니다.)

4. What would you like to get most for your next birthday?
(다음 생일에 가장 받고 싶은 선물은 무엇입니까?)

Sample Short Answers(샘플 답변)

Person A: I want to get a laptop computer.
(저는 노트북 컴퓨터를 받고 싶습니다.)

Person B: I want to get a pair of sunglasses.
(저는 선글라스를 받고 싶습니다.)

5. Which is a better present, a well-chosen gift or money?
(잘 선택한 선물과 현금 중 어느 것이 더 좋은 선물입니까?)

Sample Short Answers(샘플 답변)

Person A: I think a well-chosen gift is more valuable than money or gift certificates. A well-chosen gift is more than just a present.
It is a message of true friendship and affection.
(제 생각에는 잘 선택한 선물은 돈이나 상품권보다 더 가치 있는 선물이라고 봅니다. 잘 선택한 선물은 단순한 선물 이상의 것입니다. 그것은 진정한 우정과 사랑의 표현인 것입니다.)

Person B: I personally think cash is a much better gift because I can use the money to buy whatever I want.
(제 개인적인 생각에는 현금이 훨씬 더 나은 선물 같습니다. 왜냐하면 제가

무엇이든 원하는 것을 구입하기 위해 그 돈을 사용할 수 있기 때문입니다.)

6. How do you celebrate your parents' birthday?
   (부모님의 생일은 어떻게 축하드립니까?)

   Sample Short Answers(샘플 답변)
   Person A: I ask them what they want for their birthday. And then we go shopping together. We usually have a barbecue in the evening.
   (저는 부모님들께 생일날 무엇을 원하시는지 여쭈어봅니다. 그런 다음에 우리는 함께 쇼핑을 합니다. 저녁에는 대개 바비큐 파티를 합니다.)
   Person B: We eat out at a sushi buffet restaurant. Both of my parents love all kinds of seafood. I also enjoy eating seafood.
   (저희는 스시뷔페레스토랑에서 외식합니다. 저희 부모님 두 분 모두가 모든 종류의 해산물을 좋아하십니다. 저도 해산물 먹는 것을 즐깁니다.)

4. How do you relieve your stress?

Opinion A

When I am stressed out, I usually go to the movies with my friends. Sometimes I hang out with my friends or go shopping to relieve my stress. Listening to music is one of my favorite ways to relieve stress. I feel much better when I listen to music.

Opinion B

When I am stressed out, I try to think positively and try to come up with my own ideas on how to deal with my stress. I usually talk with my friends when I have problems. When they listen to me, I feel much better.

Opinion C

I sometimes smoke cigarettes to relieve my stress. But I don't think this is a good idea because it ruins my health. I think I should cut down on smoking to stay healthy.

Opinion D

I talk with my friends and relatives whenever I have problems. I can relieve my stress by talking with them. For example, I was not sure about my future. I did not know what to do with my life. This gave me a lot of stress. But when I stopped worrying about it and shared my thoughts and feelings with other people around me, I felt much better. Now I have some ideas about what to do in the future.

Part A: Choose the best answer to fill in the blank.

1. Sometimes I hang _____ with my friends or go shopping to relieve my stress.
   (a) on	(b) out	(c) by	(d) at

2. _____ to music is one of my favorite ways to relieve stress.
   (a) Listen	(b) Listens	(c) Listening	(d) Listened

3. When I am stressed _____, I try to think positively.
   (a) on	(b) out	(c) for	(d) with

4. I sometimes smoke cigarettes _____ my stress.
   (a) relieve	(b) relieves	(c) relieving	(d) to relieve

5. I don't think this is a good idea _____ it ruins my health.
   (a) because	(b) that	(c) which	(d) what

6. I think I should cut down _____ smoking to stay healthy.
   (a) on	(b) at	(c) with	(d) for

7. I talk with my friends and relatives _____ I have problems.
   (a) although	(b) that	(c) whenever	(d) what

8. I can relieve my stress by _____ with them.
　　(a) talk　　　　(b) talks　　　(c) talking　　　(d) to talk

9. I stopped _____ about my future.
　　(a) worry　　　(b) worries　　(c) worrying　　　(d) to worry

10. When I shared my thoughts and feelings with other people around me, I _____ much better.
　　(a) feel　　　　(b) feels　　　(c) felt　　　　　(d) feeling

Part B. Answer the following questions in English.

1. What stresses you the most?

2. What do you do when you are stressed out?

3. How often do you get stressed out?

4. What do your friends do when they are stressed out?

5. What do you think is the best way to relieve your stress?

어떻게 스트레스를 해소하십니까?

의견 A

저는 스트레스가 생기면 주로 친구들과 함께 영화를 보러 갑니다. 때때로 스트레스를 풀기 위해서 친구들과 어울려 놀거나 쇼핑을 갑니다. 음악을 듣는 것은 스트레스를 푸는 가장 좋아하는 방법 중 하나입니다. 음악을 들으면 기분이 훨씬 더 좋아집니다.

의견 B

저는 스트레스가 생기면 긍정적으로 생각하기 위해 노력하며 스트레스를 해소할 수 있는 저만의 아이디어를 머릿속에 떠올리기 위해서 노력합니다. 저는 문제가 생기면 대개 친구들과 함께 이야기합니다. 친구들이 저의 이야기를 들어주면 기분이 훨씬 나아집니다.

의견 C

저는 때때로 스트레스를 해소하기 위해서 담배를 핍니다. 하지만 이것은 저의 건강을 해치기 때문에 좋지는 않다고 생각합니다. 저는 건강을 유지하기 위해서 흡연을 줄여야 한다고 생각합니다.

의견 D

저는 문제가 생길 때마다 친구들 혹은 친지들과 이야기를 합니다. 저는 그들과 함께 이야기함으로써 스트레스를 풀 수가 있습니다. 예를 들어서, 저는 미래에 대해서 불분명했습니다. 저는 저의 삶을 가지고 무엇을 해야 할지 몰랐습니다. 이런 생각은 저에게 많은 스트레스를 주었습니다. 하지만 이것에 대해 걱정하는 것을 멈추고 저의 생각과 감정을 제 주위에 있는 다른 사람들과 함께 나누었을 때 저는 훨씬 기분이 나아졌습니다. 지금은 미래에 제가 무엇을 할 것인지에 대한 몇 가지 아이디어가 생겼습니다.

Part A 정답 및 풀이

1. Sometimes I hang _____ with my friends or go shopping to relieve my stress.
   (a) on   (b) out   (c) by   (d) at

정답: (b) out

'hang out with'라는 표현을 알면 쉽게 풀 수 있는 문제입니다. 'hang out with'는 우리말로 하면 '친구와 함께 어울려 놀다'입니다. 이처럼 성인들끼리 어울려서 시간을 보낼 때는 'play with'가 아니라 반드시 'hang out with'를 쓴다는 것을 기억합시다. 하지만 아이들끼리 서로 어울려서 놀 경우에는 'My son is playing with his friends.'와 같이 말 할 수 있습니다.

문장 해석: 때때로 저는 스트레스를 풀기 위해서 친구들과 어울려 놀거나 쇼핑을 갑니다.

2. _____ to music is one of my favorite ways to relieve stress.
   (a) Listen   (b) Listens   (c) Listening   (d) Listened

정답: (c) Listening

_____ to music은 이 문장에서 주어입니다. 주어가 되려면 명사나 명사구가 되어야 합니다. '음악을 듣는 것'이라는 명사구가 되기 위해서는 Listening을 취해야 합니다.

문장 해석: 음악을 듣는 것은 제가 스트레스를 푸는 가장 좋아하는 방법 중 하나입니다.

3. When I am stressed _____, I try to think positively.
   (a) on   (b) out   (c) for   (d) with

정답: (b) out
'스트레스가 생기다'라는 표현은 'be stressed out', 혹은 'get stressed out'과 같이 쓰입니다. 이 표현을 알아두면 유용하게 쓸 수 있습니다.
문장 해석: 저는 스트레스가 생기면 긍정적으로 생각하기 위해 노력합니다.

4. I sometimes smoke cigarettes _____ my stress.
   (a) relieve   (b) relieves   (c) relieving   (d) to relieve

정답: (d) to relieve
'~하기 위해서'라는 표현을 하기 위해서 to부정사가 필요합니다. to부정사는 'to + 동사원형'으로 구성되어 있으므로 정답은 to relieve입니다.
문장 해석: 저는 때때로 스트레스를 해소하기 위해서 담배를 핍니다.

5. I don't think this is a good idea _____ it ruins my health.
   (a) because   (b) that   (c) which   (d) what

정답: (a) because
'I don't think this is a good idea.'라고 하면 '저는 이것은 좋은 아이디어가 아니라고 생각합니다.'라는 말입니다. 'It ruins my health.'는 '그것은 나의 건강을 해칩니다.'라는 말로서 그 이유를 설명하고 있으므로 이 두 문장을 연결시켜 줄 수 있는 가장 알맞은 말은 because입니다.
문장 해석: 저는 그것이 저의 건강을 해치기 때문에 좋은 아이디어는 아니라고 생각합니다.

6. I think I should cut down _____ smoking to stay healthy.
   (a) on   (b) at   (c) with   (d) for

정답: (a) on

'cut down on~'은 '~을 줄이다'라는 표현이며 한마디로 하면 'reduce'로도 표현될 수 있습니다.

문장 해석: 저는 건강을 유지하기 위해서 흡연을 줄여야 한다고 생각합니다.

7. I talk with my friends or relatives _____ I have problems.
   (a) although   (b) that   (c) whenever   (d) what

정답: (c) whenever

'I talk with my friends or relatives.'와 'I have problems.'라는 두 문장을 가장 잘 연결시켜 줄 수 있는 말은 whenever입니다.

문장 해석: 저는 문제가 생길 때마다 친구나 친지들과 이야기를 합니다.

8. I relieve my stress by _____ with my friends.
   (a) talk   (b) talks   (c) talking   (d) to talk

정답: (c) talking

'by + ~ing'라는 표현을 알아두면 쉽게 답을 알 수 있습니다. 'by + ~ing'는 '~함으로써'라는 표현으로 여기서는 talking이 정답입니다.

문장 해석: 저는 친구들과 이야기함으로써 스트레스를 해소합니다.

9. I stopped _____ about my future.
   (a) worry   (b) worries   (c) worrying   (d) to worry

정답: (c) worrying

'~하는 것을 멈추다' 혹은 '~하는 것을 그만두다'라는 표현으로 'stop + ~ing'가 있습니다. 'stop to~'는 '~하기 위해서 멈추다'라는 뜻으로서 'sop + ~ing'와는 전혀 의미가 다릅니다. 예를 들어서 'I stopped smoking.'이라고 하면 '저는 담배를 끊었습니다.'라는 의미이지만 'I stopped to smoke.'라고 하면 '저는 담배를 피우기 위해서 가던 길을 멈추었습니다.'라는 말입니다. 따라서 정답은 worrying입니다.
문장 해석: 저는 미래에 대해서 걱정하는 것을 멈추었습니다.

10. When I shared my thoughts and feelings with other people around me, I _____ much better.
    (a) feel   (b) feels   (c) felt   (d) feeling

정답: (c) felt
When 뒤에 나오는 주어는 I이며 동사는 shared로서 동사의 시제는 과거입니다. 따라서 그 뒤에 나오는 동사 역시 시제 일치를 위해서 과거시제를 취해야 합니다.
문장 해석: 저의 생각과 감정을 제 주위에 있는 다른 사람들과 함께 나누었을 때 저는 훨씬 기분이 나아졌습니다.

Part B. 샘플 답변 및 해설

1. What stresses you the most?(무엇 때문에 가장 스트레스에 시달리십니까?)

Sample Short Answers(샘플 답변)

Person A: I want to get a job, but the job market is very competitive these days. This gives me a lot of stress.
(저는 직장을 구하고 싶지만 인력시장은 요즈음 경쟁이 매우 치열합니다. 이것 때문에 스트레스가 많이 생깁니다.)

Person B: I want to get married and settle down, but it is really difficult to find a decent person.
(저는 결혼해서 가정을 꾸려 정착하고 싶지만 괜찮은 사람을 찾기가 정말 어렵습니다.)

2. What do you do when you are stressed out?
   (스트레스가 생기면 무엇을 하십니까?)

   Sample Short Answers(샘플 답변)
   Person A: When I am really stressed out, I go to a karaoke room and sing along to my favorite songs.
   (정말 스트레스가 많이 생기면 저는 노래방에 가서 제가 가장 좋아하는 노래를 따라 부릅니다.)
   Person B: I take a deep breath and tell myself that everything is going to be fine. I also watch my favorite movies or take a nap.
   (저는 숨을 크게 들이마시고 모든 것이 다 잘 될 것이라고 제 자신에게 말합니다. 저는 또한 제가 가장 좋아하는 영화를 보거나 낮잠을 잡니다.)

3. How often do you get stressed out?
   (얼마나 자주 스트레스에 시달리십니까?)

   Sample Short Answers(샘플 답변)
   Person A: I get stressed out almost every day.
   (저는 거의 매일 스트레스에 시달립니다.)
   Person B: I rarely get stressed out these days.
   (요즈음 저는 스트레스가 거의 없습니다.)

4. What do your friends do when they are stressed out?
   (주위에 있는 사람들은 스트레스가 생기면 주로 무엇을 합니까?)

   Sample Short Answers(샘플 답변)
   Person A: Some of my friends eat a lot more than usual when they get stressed out.

　　　　　　　(제 친구 중 몇몇은 스트레스가 생기면 보통 때보다도 더 많이 먹습니다.)
　　Person B: They do extreme sports like bungee jumping or rafting to relieve their stress.
　　　　　　　(그들은 스트레스를 해소하기 위해서 번지 점프나 래프팅과 같은 익스트림 스포츠를 합니다.)

5. What do you think is the best way to relieve your stress?
　　(스트레스를 풀기에 가장 좋은 방법은 무엇이라고 생각하십니까?)

Sample Short Answers(샘플 답변)

　　Person A: I guess the best way to relieve my stress is to forget about all the worries and do something fun. For example, I sometimes go to an amusement park or go to the movies.
　　　　　　　(제 생각에 스트레스를 푸는 가장 좋은 방법은 모든 걱정을 다 잊어 버리고 재미있는 어떤 것을 하는 것입니다. 예를 들어서 저는 때때로 놀이공원에 가거나 영화를 보러 갑니다.)
　　Person B: When I am stressed out, I hang out with my friends. We usually go to a coffee shop and talk all day.
　　　　　　　(저는 스트레스가 생기면 제 친구들과 어울려 놉니다. 저희들은 주로 커피숍에 가서 하루 종일 이야기를 합니다.)

5. What is your favorite food?

Our bodies need energy to function properly. We get energy from the food that we eat everyday. We usually eat three times a day. We sometimes skip breakfast because we are busy in the morning. But this is not a good idea. Doctors say that if you skip breakfast, you have a higher risk of obesity. You will also feel tired and cranky if you do not eat anything in the morning.

We should avoid eating processed foods because they contain a lot of chemical ingredients and additives. A diet rich in fruit and vegetables can help lower blood pressure and reduce the risk of developing heart disease. Health experts say that eating fruit and vegetables can also keep your eyes healthy.

Part A: Choose the best answer to fill in the blank.

1. We should avoid _____ junk food.
   (a) eat   (b) eats   (c) eating   (d) to eat

2. _____ foods contain a lot of chemical ingredients and additives.
   (a) Process   (b) Processes   (c) Processing   (d) Processed

3. Eating vegetables can help _____ blood pressure.
   (a) lower   (b) lowers   (c) lowering   (d) lowered

4. Eating fruit and vegetables can help reduce the risk of _____ heart disease.

(a) develop   (b) develops   (c) developing   (d) developed

5. Health experts say that _____ fruit and vegetables can also keep your eyes healthy.
   (a) eat   (b) eats   (c) eating   (d) to eat

Part B. Answer the following questions in English.

1. What is your favorite food?

2. How often do you eat a day?

3. Name some of the food that we should avoid eating. Why should we avoid eating such food?

4. Do you think drinking water instead of soda pop or fruit drinks is healthier to your body?

5. What junk foods and snacks do you like to eat?

6. Do you think it is healthy to be a vegetarian?

7. Your overweight friend wants to lose some weight. Tell him/her what he/she should do.

8. Do you eat between meals? What do you eat between meals?

9. How often do you eat out at a restaurant?

10. Do you eat before going to bed?

가장 좋아하는 음식은 무엇입니까?

우리의 몸은 적절히 그 기능을 수행하기 위해서 에너지를 필요로 합니다. 우리는 우리가 매일 먹는 음식으로부터 에너지를 얻습니다. 우리는 대개 하루에 세 번 식사를 합니다. 우리는 때때로 아침에 바빠서 아침식사를 거릅니다. 하지만 이것은 좋은 것이 아닙니다. 의사들은 아침식사를 거르면 비만에 걸릴 확률이 높아진다고 말합니다. 아침에 아무것도 먹지 않으면 피곤해지고 짜증이 나게 됩니다.

우리는 가공식품을 피해야 합니다. 왜냐하면 가공식품에는 많은 양의 화학재료와 첨가물을 포함하기 때문입니다. 과일과 채소가 풍부한 식사는 혈압을 낮춰 줄 수 있으며 심장병이 생기는 위험성을 줄여 줄 수 있습니다. 건강전문인들은 과일과 채소를 먹는 것은 또한 눈의 건강도 지켜준다고 말합니다.

Part A 정답 및 풀이

1. We should avoid _____ junk food.
   (a) eat   (b) eats   (c) eating   (d) to eat

   정답: (c) eating
   avoid는 동명사를 목적어로 취하는 동사라는 사실을 알아두면 쉽게 답을 구할 수 있는 문제입니다. 따라서 정답은 eating입니다.
   문장 해석: 우리는 정크 푸드를 먹는 것을 피해야 합니다.

2. _____ foods contain a lot of chemical ingredients and additives.
   (a) Process   (b) Processes   (c) Processing   (d) Processed

정답: (d) Processed
문장에서 주어는 명사(명사구, 명사절)가 되어야 합니다. '_____ foods'가 이 문장의 주어이며 동사는 contain, 그리고 동사 contain의 목적어는 a lot of chemical ingredients and additives입니다. '가공식품', 즉 '가공되어진 식품'이므로 'Processed foods'가 정답입니다.
문장 해석: 가공식품은 많은 양의 화학재료와 첨가물을 포함하고 있습니다.

3. Eating vegetables can help _____ blood pressure.
   (a) lower   (b) lowers   (c) lowering   (d) lowered

정답: (a) lower
문장에서 동사가 빠져 있는 경우입니다. 조동사 can이 있으므로 그 다음에는 동사원형이 오게 됩니다. 따라서 lower이 정답입니다.
문장 해석: 채소를 먹는 것은 혈압을 낮추어 줍니다.

4. Eating fruit and vegetables can help reduce the risk of _____ heart disease.
   (a) develop   (b) develops   (c) developing   (d) developed

정답: (c) developing
the risk of 에서 전치사 of 다음에는 명사나 동명사가 필요합니다. 그리고 heart disease라는 목적어를 취할 수 있으려면 동명사인 developing이 가장 알맞습니다.
문장 해석: 과일과 채소를 먹는 것은 심장병이 생길 수 있는 위험성을 줄여 줄 수 있습니다.

5. Health experts say that _____ fruit and vegetables can also keep your eyes healthy.

(a) eat   (b) eats   (c) eating   (d) to eat

정답: (c) eating
that 다음에 주어와 동사가 있는 문장입니다. '_____ fruit and vegetables'가 that절의 주어이며 주어가 되기 위해서는 명사(명사구, 명사절)가 되어야 하므로 'eating fruit and vegetables(과일과 채소를 먹는 것)'가 되어야 합니다.
문장 해석: 건강전문인들은 과일과 채소를 먹는 것은 눈의 건강을 지켜줄 수 있다고 말합니다.

Part B. 샘플 답변 및 해설

1. What is your favorite food?(가장 좋아하는 음식은 무엇입니까?)

   Sample Short Answers(샘플 답변)
   Person A: I like fried chicken.(저는 닭튀김을 좋아합니다.)
   Person B: My favorite food is pizza.(제가 가장 좋아하는 음식은 피자입니다.)
   Person C: I like all kinds of food.(저는 모든 음식을 다 좋아합니다.)

2. How often do you eat a day?
   (하루에 얼마나 자주 식사를 하십니까?)

   Sample Short Answers(샘플 답변)
   Person A: I eat only once a day.(저는 하루에 한 번만 식사합니다.)
   Person B: I usually eat twice a day.(저는 하루에 대개 두 번 식사합니다.)
   Person C: I eat three times a day.(저는 하루에 세 번 식사합니다.)
   Person D: I eat four times a day.(저는 하루에 네 번 식사합니다.)

3. Name some of the food that we should avoid eating. Why should we avoid eating such food?

(우리가 피해야 하는 음식이 있으면 말해보세요. 왜 그런 음식을 피해야 할까요?)

Sample Short Answers(샘플 답변)

Person A: I think we should avoid eating food that has too much fat in it. Too much saturated fat in your diet can increase the risk of heart disease and stroke.
(제 생각에는 우리가 너무 많은 지방이 함유된 음식은 피해야 한다고 봅니다. 너무 많은 포화지방이 함유된 음식은 심장병과 뇌졸중의 위험성을 증가시킵니다.)

Person B: We should avoid food that is too salty or spicy. Too much sodium in the diet can lead to hypertension, heart disease, and stroke.
(우리는 너무 짜거나 매운 음식은 피해야 합니다. 너무 많은 나트륨이 함유된 음식은 고혈압, 심장병, 그리고 뇌졸중을 초래할 수 있습니다.)

4. Do you think drinking water instead of soda pop or fruit drinks is healthier to your body?
(소다수나 과즙음료보다 물을 마시는 것이 몸에 더 좋다고 생각하십니까?)

Sample Short Answers(샘플 답변)

Person A: I guess it doesn't matter as long as I enjoy drinking soda pop or fruit drinks.
(제 생각에는 제가 소다수나 과즙음료를 마시는 것을 즐기는 한 문제가 되지 않는다고 봅니다.)

Person B: Drinking water instead of soda pop or fruit drinks is definitely healthier. Soda pop or fruit drinks contain a lot of sugar and artificial ingredients.
(소다수나 과즙음료보다 물을 마시는 것은 분명히 더 건강합니다. 소다수나 과즙음료는 많은 양의 설탕과 인공재료가 들어가 있습니다.)

5. What junk foods and snacks do you like to eat?
   (어떤 정크 푸드나 스낵을 먹는 것을 좋아하십니까?)

   Sample Short Answers(샘플 답변)
   Person A: I like eating potato chips while watching movies.
   (저는 영화를 보면서 감자칩을 먹는 것을 좋아합니다.)
   Person B: I like eating ice cream for dessert.
   (저는 디저트로 아이스크림을 먹는 것을 좋아합니다.)

6. Do you think it is healthy to be a vegetarian?
   (채식주의자가 되는 것은 건강하다고 생각하십니까?)

   Sample Short Answers(샘플 답변)
   Person A: Yes, I definitely think so. Some of my friends are vegetarians. They are all in good health.
   (예, 저는 분명히 그렇게 생각합니다. 제 친구 중 몇몇은 채식주의자입니다. 그들은 모두가 건강합니다.)
   Person B: I'm afraid I don't think it is healthy to be a vegetarian because vegetarians only eat fruit and vegetables.
   (유감스럽게도 채식주의자가 되는 것은 건강하지 않다고 생각합니다. 왜냐하면 과일과 야채만 먹기 때문입니다.)

7. Your overweight friend wants to lose some weight. Tell him/her what he/she should do.
   (과체중인 친구가 몸무게를 줄이고 싶어 합니다. 그 친구가 해야 할 것을 말해 주세요.)

   Sample Short Answers(샘플 답변)
   Person A: I would like to tell him to cut down on eating too much junk food.
   (저는 그에게 정크 푸드를 너무 많이 먹는 것을 줄이라고 말하고 싶습니다.)

Person B: I would like to tell her to do cardio workouts such as jogging or swimming on a regular basis.
(저는 그녀에게 조깅이나 수영과 같은 유산소 운동을 규칙적으로 하라고 말하고 싶습니다.)

8. Do you eat between meals? What do you usually eat between meals?
(간식을 드십니까? 간식으로 주로 무엇을 드십니까?)

Sample Short Answers(샘플 답변)
Person A: I usually eat chocolate chip cookies.
(저는 주로 초코칩 쿠키를 먹습니다.)
Person B: I usually eat apples or bananas.
(저는 주로 사과나 바나나를 먹습니다.)

9. How often do you eat out at a restaurant?
(얼마나 자주 레스토랑에서 외식하십니까?)

Sample Short Answers(샘플 답변)
Person A: I rarely eat out at a restaurant.
(저는 거의 외식을 하지 않습니다.)
Person B: I guess I eat out about two or three times a month.
(제 생각에는 제가 한 달에 두세 번 정도 한다고 봅니다.)
Person C: I sometimes eat out at a nice restaurant on special days like birthdays or wedding anniversaries.
(저는 때때로 생일이나 결혼기념일과 같은 특별한 날에 멋진 레스토랑에서 외식을 합니다.)

10. Do you eat before going to bed?
(잠자리에 들기 전에 무언가를 먹습니까?)

Sample Short Answers(샘플 답변)

Person A: No, I never eat before going to bed. Eating before sleeping is not good for health.
(아닙니다. 저는 잠자리에 들기 전에 결코 무엇을 먹지 않습니다. 자기 전에 무엇을 먹는 것은 건강에 좋지 않습니다.)

Person B: Yes, I always eat something before going to bed. That's why I am gaining a lot of weight.
(예, 저는 항상 자기 전에 무엇을 먹습니다. 그게 바로 제가 살이 많이 찌는 이유입니다.)

6. Do you sleep well at night?

More than one in three people across the country say that they are not getting enough sleep. Sleep deprivation can lead to obesity, diabetes, and other serious chronic health problems.

According to health experts, most healthy adults need between seven and nine hours of sleep to function at their best. They also say that lack of sleep can affect the ability to think properly and respond quickly.

The quality of sleep is more important than the quantity of sleep. Some people say that they still feel tired after sleeping eight or nine hours a day. It's because the quality of their sleep is poor.

Part A: Choose the best answer to fill in the blank.

1. Most healthy adults _____ between seven and nine hours of sleep a day.
   (a) need		(b) needs		(c) needing		(d) to need

2. Lack of sleep can lead _____ obesity, diabetes, and all kinds of other health problems.
   (a) for		(b) to		(c) at		(d) into

3. Lack of sleep can affect the ability _____ properly and respond quickly.
   (a) think		(b) thinks		(c) thinking		(d) to think

4. The quality of sleep is more important _____ the quantity of sleep.
   (a) or   (b) for   (c) than   (d) then

5. They still feel _____ after sleeping eight or nine hours a day.
   (a) tire   (b) tiring   (c) to tire   (d) tired

Part B. Answer the following questions in English.

1. When do you usually go to bed at night?

2. What time did you go to bed last night?

3. What are the dangers of lack of sleep?

4. Why do you think some people don't get enough sleep?

5. Do you usually take a nap after lunch?

6. Have you ever fallen asleep during class/work?

7. Have you ever suffered from insomnia?

8. When you can't sleep at night what do you do?

9. How often do you have nightmares?

10. Do you sleep on your back or side?
    Do you sleep on your stomach?

11. What do you think will happen to you if you don't sleep for three days in a row?

밤에 잠을 잘 주무시나요?

전국에서 세 사람 중 한 명 이상이 충분한 수면을 취하지 못한다고 합니다. 수면 부족은 비만과 당뇨 그리고 다른 심각한 만성 건강 문제를 일으킬 수 있습니다.

건강 전문가들에 따르면 대부분의 건강한 성인들은 최상의 상태에서 몸의 기능을 하기 위해서 7시간에서 9시간 사이의 잠을 필요로 한다고 합니다. 그들은 또한 수면 부족은 올바르게 생각하고 재빨리 반응할 수 있는 능력에 영향을 끼칠 수 있다고 말합니다.

수면의 질이 수면의 양보다 더 중요합니다. 몇몇 사람들은 하루에 8시간 혹은 9시간 잠을 잔 후에도 여전히 피곤하다고 합니다. 그 이유는 잠의 질이 좋지 않기 때문입니다.

Part A 정답 및 풀이

1. Most healthy adults _____ between seven and nine hours of sleep a day.
   (a) need (b) needs (c) needing (d) to need

   정답: (a) need
   문장의 주어가 Most healthy adults로 복수이고 현재시제이므로 알맞은 동사는 need입니다. '7시간에서 9시간 사이의 잠'이라는 표현은 between A and B라는 표현을 써서 'between seven and nine hours of sleep'이라고 한다는 것을 알아둡시다.
   문장 해석: 대부분의 건강한 성인은 하루에 7시간에서 9시간 사이의 잠을 필요로 합니다.

2. Lack of sleep can lead _____ obesity, diabetes, and all kinds of other health problems.
   (a) for　　　　(b) to　　　　(c) at　　　　(d) into

정답: (b) to
'lead to ~'는 '~을 초래하다'라는 표현입니다.
문장 해석: 수면 부족은 비만과 당뇨 그리고 다른 모든 종류의 건강 문제를 초래할 수 있습니다.

3. Lack of sleep can affect the ability _____ properly and respond quickly.
   (a) think　　　(b) thinks　　(c) thinking　　(d) to think

정답: (d) to think
'~ 할 수 있는 능력'을 표현하기 위해서 to부정사가 필요한 문장입니다.
문장 해석: 수면 부족은 올바르게 생각하고 재빨리 반응할 수 있는 능력에 영향을 끼칠 수 있습니다.

4. The quality of sleep is more important _____ the quantity of sleep.
   (a) or　　　　(b) for　　　　(c) than　　　(d) then

정답: (c) than
문장은 비교급 구문으로 이루어져 있습니다. 따라서 정답은 **than**입니다.
문장 해석: 수면의 질이 수면의 양보다 더 중요합니다.

5. They still feel _____ after sleeping eight or nine hours a day.
   (a) tire　　　(b) tiring　　(c) to tire　　(d) tired

정답: (d) tired

인간이 가지고 있는 5가지 감각인 오감동사 다음에는 형용사가 옵니다. 다시 말해서 'feel, look, smell, sound, taste + 형용사'와 같이 쓰입니다. 따라서 정답은 형용사인 **tired**입니다.
문장 해석: 그들은 하루에 8시간 혹은 9시간 잠을 잔 후에도 여전히 피곤합니다.

Part B. 샘플 답변 및 해설

1. When do you usually go to bed at night?
   (밤에 몇 시에 주로 잠을 자러 갑니까?)

   Sample Short Answers(샘플 답변)
   Person A: I usually go to bed at around 11 o'clock at night.
   (저는 주로 밤 약 11시경에 잠자리에 듭니다.)
   Person B: I usually go to sleep after midnight.
   (저는 대개 밤 12시 이후로 잠자리에 듭니다.)
   Person C: I don't go to sleep until one or two o'clock in the morning.
   (저는 새벽 1시나 2시가 되어서야 잠자리에 듭니다.)

2. What time did you go to bed last night?
   (어젯밤에 몇 시에 잠자리에 드셨습니까?)

   Sample Short Answers(샘플 답변)
   Person A: I went to bed at around 10 o'clock last night.
   (저는 어젯밤에 약 10시에 잠자리에 들었습니다.)
   Person B: I could not sleep all night.
   (저는 밤새도록 잠을 잘 수 없었습니다.)
   Person C: I stayed up all night studying.
   (저는 공부를 하느라 꼬박 밤을 새웠습니다.)

3. What are the dangers of lack of sleep?
   (수면 부족의 위험성으로는 어떤 것이 있습니까?)

Sample Short Answers(샘플 답변)

Person A: Lack of sleep can cause all kinds of health problems such as hypertension, diabetes, and cardiovascular disease.
(수면 부족은 고혈압, 당뇨, 그리고 심혈관계 질환과 같은 모든 종류의 건강문제를 일으킬 수 있습니다.)

Person B: Sleep plays an important role in thinking and learning. Lack of sleep may hurt these cognitive processes in many ways.
(수면은 사고와 학습에 있어서 중요한 역할을 합니다. 수면 부족은 여러 면에서 이런 인지 과정을 상하게 할 수도 있습니다.)

4. Why do you think some people don't get enough sleep?
(왜 몇몇 사람들이 충분한 수면을 취하지 못한다고 생각하십니까?)

Sample Short Answers(샘플 답변)

Person A: They play computer games until the early hours of the morning.
(그들은 새벽까지 컴퓨터게임을 합니다.)

Person B: They like to stay up all night drinking and partying.
(그들은 술을 마시고 파티를 하면서 밤을 새는 것을 좋아합니다.)

5. Do you usually take a nap after lunch?
(점심을 드신 후에 주로 낮잠을 주무십니까?)

Sample Short Answers(샘플 답변)

Person A: Yes, I do. I feel refreshed after I take a nap.
(예, 그렇습니다. 저는 낮잠을 자고 나면 기분이 상쾌해집니다.)

Person B: No, I don't. If I take a nap after lunch, I can't sleep well at night.
(아뇨, 그렇지 않습니다. 점심을 먹고 난 뒤에 낮잠을 자면 밤에 잠을 잘 자지 못합니다.)

6. Have you ever fallen asleep during class/work?
   (수업시간/근무시간에 잠을 잔 적이 있습니까?)

   Sample Short Answers(샘플 답변)
   Person A: I sometimes doze off in class. I have difficulty staying awake in early morning classes.
   (저는 때때로 수업시간에 좁니다. 이른 아침 수업시간에 깨어있기가 어렵습니다.)
   Person B: I sometimes fall asleep at work after lunch. I have difficulty concentrating at work after eating lunch.
   (저는 때때로 점심식사 후에 직장에서 좁니다. 점심을 먹은 다음에 일에 집중하기가 어렵습니다.)

7. Have you ever suffered from insomnia?
   (불면증으로 고생한 적이 있습니까?)

   Sample Short Answers(샘플 답변)
   Person A: I can't sleep well when a big test is coming up. I toss and turn all night long.
   (저는 큰 시험이 다가올 때는 잠을 잘 수가 없습니다. 저는 밤새도록 잠을 설칩니다.)
   Person B: Too much stress and anxiety keeps me from sleeping these days.
   (저는 요즈음 너무 많은 스트레스와 염려 때문에 잠을 잘 수가 없습니다.)

8. When you can't sleep at night what do you do?
   (밤에 잠을 잘 잘 수 없을 때 무엇을 하십니까?)

   Sample Short Answers(샘플 답변)
   Person A: I usually surf the internet when I can't sleep at night.
   (저는 밤에 잠을 잘 수 없을 때 주로 인터넷 검색을 합니다.)
   Person B: I read books or magazines when I can't sleep at night.

(저는 밤에 잠을 잘 수 없을 때 책이나 잡지를 읽습니다.)

9. How often do you have nightmares?
   (얼마나 자주 악몽을 꿉니까?)

   Sample Short Answers(샘플 답변)
   Person A: I rarely have nightmares. I sleep well at night.
   (저는 악몽을 거의 꾸지 않습니다. 밤에 잠을 잘 잡니다.)
   Person B: I sometimes have nightmares. I wake up in the middle of the night and cant' go back to sleep.
   (저는 때때로 악몽을 꿉니다. 한밤중에 깨어나서는 다시 잠들 수가 없습니다.)

10. Do you sleep on your back or side?
    (똑바로 누워서 주무십니까 아니면 옆으로 누워서 주무십니까?)
    Do you sleep on your stomach?
    (엎드려서 주무십니까?)

    Sample Short Answers(샘플 답변)
    Person A: I usually sleep on my side.(저는 주로 옆으로 누워서 잠을 잡니다.)
    Person B: I like to sleep on my stomach.(저는 엎드려서 자는 것을 좋아합니다.)

11. What do you think will happen to you if you don't sleep for three days in a row?
    (3일 동안 잠을 자지 않는다면 어떤 일이 일어날 것이라고 생각합니까?)

    Sample Short Answers(샘플 답변)
    Person A: I think I'll get really tired. I'll have a hard time concentrating at work. I may experience symptoms of sleep deprivation.

(정말 피곤하게 될 것으로 생각합니다. 직장에서 일에 집중하기가 어려울 것입니다. 수면부족의 증상들을 경험하게 될 수도 있습니다.)

Person B: I'll probably fall asleep right away.
(아마도 바로 잠에 곯아떨어질 것입니다.)

7. Smoking and Drinking

Are you addicted to smoking and drinking? If you smoke too much, it is going to damage your lungs. Your chance of developing lung cancer increases if you don't stop smoking. Smoking causes other illnesses including stroke, diabetes, and heart disease. It will also affect the people around you. They may suffer from secondhand smoke. Therefore, smoking is harmful for both you and those around you.

If you are a heavy drinker, you'd better cut down on drinking. Otherwise, you may have liver cancer later on. And never sit behind the wheel after drinking. If you drink and drive, you may end up behind bars. In the worst case scenario, you may lose your life if you drive under the influence of alcohol.

Part A. Choose the best answer to fill in the blank.

1. Are you addicted _____ smoking and drinking?
    (a) to   (b) with   (c) by   (d) for

2. People may suffer _____ second hand smoke.
    (a) at   (b) with   (c) from   (d) by

3. If you are a heavy drinker, you'd better cut down _____ drinking.
   (a) at　　　　(b) from　　　(c) in　　　　(d) on

4. Never sit behind the wheel after _____.
   (a) drink　　　(b) drinks　　(c) drinking　　(d) drank

5. If you drink and drive, you may end _____ behind bars.
   (a) with　　　(b) up　　　　(c) at　　　　(d) on

Part B. Answer the following questions in English.

1. Do you smoke? Why or why not?

2. Do you drink? Why or why not?

3. When do you feel like drinking?

4. What happens to your body if you smoke?

5. What happens to your body if you drink?

6. When was the first time you smoked a cigarette?

7. When was the first time you drank beer or soju?

8. Why do you think people smoke?

9. Why do you think people drink?

10. How high is your alcohol tolerance?

11. Have you ever gotten drunk and did something you regretted?

12. What do you think about banning smoking from beaches and public parks?

흡연과 음주

흡연과 음주에 중독이 되어 있습니까? 담배를 너무 많이 피우면 폐가 손상될 것입니다. 만약 금연을 하지 않으면 폐암에 걸릴 확률이 증가합니다. 흡연은 뇌졸중, 당뇨병, 그리고 심장병을 포함한 다른 질병을 일으킵니다. 그것은 또한 주위의 사람들에게도 영향을 끼칠 것입니다. 주위의 사람들은 간접흡연으로 고통을 겪을 수도 있습니다. 그러므로, 흡연은 당신과 당신 주위에 있는 사람들 모두에게 해롭습니다.

만약 당신이 과음하는 사람이라면 주량을 줄이는 것이 더 좋을 것입니다. 그렇지 않으면 나중에 간암에 걸릴 수도 있습니다. 그리고 술을 마신 다음에는 절대로 운전대를 잡지 마십시오. 술을 마시고 운전을 하면 감옥에 갈 수도 있습니다. 최악의 경우, 음주운전을 하게 되면 목숨을 잃을 수도 있습니다.

Part A 정답 및 풀이

1. Are you addicted _____ smoking and drinking?
   (a) to   (b) with   (c) by   (d) for

정답: (a) to
'~에 중독되다'를 영어로는 'be addicted to ~ing'라고 한다는 것을 알면 쉬운 문제입니다.
문장 해석: 당신은 흡연과 음주에 중독이 되어있습니까?

2. People may suffer _____ secondhand smoke.

(a) at　　　　(b) with　　　　(c) from　　　　(d) by

정답: (c) from
'suffer from ~'은 '~로부터 고통을 받고 있다'라는 뜻의 숙어입니다. suffer from다음에는 질병, 스트레스, 환경의 변화 등 매우 다양한 내용을 넣어서 말 할 수 있습니다. '간접흡연'은 영어로 'secondhand smoke'라고 합니다.
문장 해석: 사람들은 간접흡연으로부터 고통을 받을 수도 있습니다.

3. If you are a heavy drinker, you'd better cut down _____ drinking.
　(a) at　　　　(b) from　　　　(c) in　　　　(d) on

정답: (d) on
'cut down on ~ing'는 '~하는 것을 줄이다'라는 표현입니다. 'you'd better'는 'you had better'의 준말입니다. 여기서 'had better'는 '~하는 것이 더 좋다'라고 해석을 할 수는 있지만 그렇게 하지 않으면 후회하게 될 것이라는 뉘앙스를 내포하고 있습니다. '술을 많이 마시는 사람(애주가)'는 영어로 'a heavy drinker'이라고 합니다. 참고로 '담배를 많이 피는 사람(애연가)' 역시 형용사 heavy를 써서 'a heavy smoker'라고 한다는 것도 함께 알아둡시다.
문장 해석: 만약 당신이 과음을 하는 사람이라면 주량을 줄이는 것이 더 좋을 것입니다.

4. Never sit behind the wheel after _____.
　(a) drink　　　(b) drinks　　　(c) drinking　　　(d) drank

정답: (c) drinking
이 문장에서 after는 전치사로서 그 뒤에 명사나 동명사를 필요로 합니다. 따라서 가장 알맞은 표현은 동명사인 drinking입니다. 'sit behind the wheel'은 '운전대(wheel) 뒤에 앉다'라는 말로 '운전을 하다'라는 뜻입니다. '운전대'는 영어로 핸들(handle)이라고 하지 않고 'steering wheel'혹은 줄여서 'wheel'이라고 한다는 것을 반드시 알아둡시다.
문장 해석: 술을 마신 다음에는 절대로 운전을 하지 마십시오.

5. If you drink and drive, you may end _____ behind bars.
   (a) with   (b) up   (c) at   (d) on

정답: (b) up

'감옥에 가다'라는 표현 중에는 'end up behind bars'라는 재미있는 표현도 있다는 것을 알면 정답을 쉽게 찾을 수 있습니다. 'end up ~'은 '~한 상태로 끝나다' 혹은 '결국 ~하게 되다'라는 말입니다. 'end up behind bars'를 직역하면 '철창 뒤에서 끝나 버리다'가 되므로 무슨 말인지 짐작을 할 수가 있을 것입니다.

문장 해석: 술을 마시고 운전을 하면 감옥에 가게 될지도 몰라요.

Part B. 샘플 답변 및 해설

1. Do you smoke? Why or why not?
   (흡연을 하십니까? 왜 흡연을 하십니까? 왜 흡연을 하지 않습니까?)

   Sample Short Answers(샘플 답변)
   Person A: No, I don't smoke because it ruins my health.
   (아뇨, 저는 담배를 피우지 않습니다. 건강을 해치기 때문입니다.)
   Person B: Yes, I smoke. I smoke because smoking temporarily relieves stress and anxiety. But I need to stop smoking. If I keep smoking, it will eventually ruin my health.
   (그래요, 저는 담배를 피웁니다. 담배를 피우면 일시적으로 스트레스와 불안감이 해소되기 때문입니다. 하지만 금연을 할 필요가 있습니다. 만약 제가 계속해서 흡연을 한다면 결국에는 건강을 해치게 될 것입니다.)

2. Do you drink? Why or why not?
   (술을 마십니까? 왜 술을 마십니까? 왜 술을 마시지 않습니까?)

   Sample Short Answers(샘플 답변)
   Person A: I sometimes drink. I drink because most of my friends enjoy

drinking. I am a social drinker.
(저는 때때로 술을 마십니다. 저는 대부분의 저의 친구들이 술 마시는 것을 좋아하기 때문에 술을 마십니다. 저는 비즈니스나 대인관계를 위해서 술을 마십니다.)

Person B: I used to drink a lot. But I don't drink alcoholic beverages anymore because I am diagnosed with chronic kidney disease.
(저는 술을 많이 마시곤 했어요. 하지만 더 이상 알코올 음료를 마시지 않습니다. 왜냐하면 만성콩팥병으로 진단을 받았기 때문입니다.)

3. When do you feel like drinking?
   (언제 술을 마시고 싶은 생각이 듭니까?)

   Sample Short Answers(샘플 답변)
   Person A: I feel like drinking whenever I get stressed out.
   (저는 스트레스가 생길 때마다 술을 마시고 싶습니다.)
   Person B: I have an urge to drink after I wake up in the morning.
   (저는 아침에 잠에서 깬 후에 술을 마시고 싶은 욕구가 생깁니다.)

4. What happens to your body if you smoke?
   (흡연을 하면 신체에 어떤 일이 생깁니까?)

   A Sample Answer(샘플 답변)
   I guess smoking does not do anything good to me. If I keep smoking, I may have lung cancer later on. Smoking also causes other kinds of cancer.
   (제 생각에는 흡연은 저에게 아무런 이득이 없다고 봅니다. 만약 제가 계속해서 흡연을 한다면 나중에 폐암에 걸릴지도 모릅니다. 흡연은 또한 다른 종류의 암도 유발합니다.)

5. What happens to your body if you smoke?

(술을 마시면 신체에 어떤 일이 생깁니까?)

A Sample Answer(샘플 답변)
When I drink just a little, it helps me with blood circulation. But if I get drunk, it does more harm than good.
(그냥 약간만 마시면 혈류를 원활하게 해줍니다. 하지만 만약 술에 취하게 되면 득보다는 실이 많습니다.)

6. When was the first time you smoked a cigarette?
   (언제 처음으로 담배를 피워봤습니까?)

   A Sample Answer(샘플 답변)
   I smoked a cigarette for the first time when I became a college student.
   (저는 대학생이 되었을 때 처음으로 담배를 피워봤습니다.)

7. When was the first time you drank beer or soju?
   (언제 처음으로 맥주나 소주를 마셔봤습니까?)

   A Sample Answer(샘플 답변)
   The first time I drank beer was the day when I finally graduated from high school.
   (처음으로 맥주를 마신 때는 제가 마침내 고등학교를 졸업하던 날이었습니다.)

8. Why do you think people smoke?
   (왜 사람들은 담배를 피운다고 생각하십니까?)

   A Sample Answer(샘플 답변)
   I guess people start to smoke out of curiosity. Some people say that they smoke because smoking helps them relax.

(제 생각에는 사람들은 호기심 때문에 담배를 피기 시작한다고 봅니다. 몇몇 사람들은 흡연이 긴장을 완화시켜주기 때문에 담배를 핀다고 말합니다.)

9. Why do you think people drink?
(왜 사람들이 술을 마신다고 생각하십니까?)

Sample Short Answers(샘플 답변)
Person A: I think people drink to socialize with other people.
(제 생각에 사람들은 다른 사람들과 어울리기 위해서 술을 마신다고 봅니다.)
Person B: I guess people drink to relax and take the edge off the pressure.
(저는 사람들이 긴장을 풀고 스트레스를 완화하기 위해서 술을 마신다고 생각합니다.)

10. How high is your alcohol tolerance?
(주량이 어떻게 되십니까?)

Sample Short Answers(샘플 답변)
Person A: I can drink two bottles of beer and one bottle of soju, but not anymore. I guess I am a moderate drinker.
(저는 맥주 두 병과 소주 한 병 정도는 마실 수 있지만 더 이상은 못 마십니다. 저는 적당히 술을 마신다고 생각합니다.)
Person B: I have a high alcohol tolerance. I never get drunk even though I drink more than 10 bottles of beer.
(저의 주량은 대단합니다. 저는 맥주 10병 이상을 마셔도 절대로 술에 취하지 않습니다.)

11. Have you ever gotten drunk and did something you regretted?
(술에 취하고 그리고 그런 상태에서 무엇을 한 것을 후회한 적이 있습니까?)

A Sample Answer(샘플 답변)
I got really drunk last weekend. I still feel like throwing up. I think I should cut down on drinking. Otherwise, I may get into big trouble.
(저는 지난 주말에 너무 술에 취했습니다. 지금도 여전히 토를 할 것 같습니다. 음주를 줄여야 하겠다는 생각이 듭니다. 그렇지 않으면 큰 곤경에 처하게 될지도 모릅니다.)

12. What do you think about banning smoking from beaches and public parks?
    (해변과 공원에서 흡연을 금지하는 것에 대해서 어떻게 생각하십니까?)

A Sample Answer(샘플 답변)
I think it is a good idea. Beaches and public parks are places where people gather together to enjoy outdoor activities. People who want to smoke should go to designated smoking areas because secondhand smoke is harmful for those who do not smoke.
(저는 좋은 생각이라고 봅니다. 해변과 공원은 사람들이 옥외활동을 즐기기 위해 모이는 곳입니다. 담배를 피우고 싶은 사람들은 지정된 흡연구역으로 가야 합니다. 왜냐하면 간접흡연은 담배를 피우지 않는 사람들에게 해롭기 때문입니다.)

8. Are you overweight?

As we observe the eating habits of people in their twenties and thirties, we can notice that they eat more than they need. Also, an increasing number of young people eat less desirable foods. A lot of youngsters love to eat at fast-food restaurants. They need to cut down on unhealthy food.

They seldom exercise and, as a result, become overweight. People who are overweight are at an increased risk of developing many serious diseases including diabetes, heart disease, and cancer. Therefore, we should think deeply about how to maintain a healthy weight.

We need to plan ahead what we should eat. Otherwise, we will have all kinds of health problems as we get older. If we watch TV or play video games all day, we may turn into couch potatoes. We should remember that health always comes first.

Part A. Choose the best answer to fill in the blank.

1. Also, an _____ number of young people eat less desirable foods.
   (a) increase   (b) increases   (c) increasing   (d) increased

2. A lot of youngsters love _____ at fast-food restaurants.
   (a) eat   (b) eats   (c) ate   (d) to eat

3. They seldom exercise and, _____, become overweight.
   (a) for a while (b) as a result
   (c) by the way (d) for example

4. We need to plan ahead what we should eat. _____, we will have all kinds of health problems as we get older.
   (a) Otherwise (b) On the other hand
   (c) Therefore (d) Meanwhile

5. If we watch TV or play computer games all day, we may turn _____ couch potatoes.
   (a) to   (b) into   (c) over   (d) out

Part B. Answer the following questions in English.

1. What do you do to stay healthy?

2. Do you like to eat out at a fast-food restaurant?

3. How often do you exercise?

4. Do you think you need to change your eating habits? Why or why not?

5. What do you think will happen to you if you watch TV or play video games all day without doing any physical exercise?

비만인가요?

    이십 대와 삼십 대의 사람들의 식습관을 살펴보면 필요 이상으로 많이 먹는 것을 알 수 있습니다. 또한, 비교적 바람직하지 못한 음식을 먹는 젊은 사람들의 수가 증가하고 있습니다. 많은 수의 젊은이들이 패스트푸드 음식점에서 식사를 하는 것을 좋아합니다. 그들은 건강에 좋지 않은 음식 섭취를 줄일 필요가 있습니다.

    그들은 거의 운동을 하지 않으며, 그 결과 과체중이 됩니다. 비만인 사람들은 당뇨병, 심장병, 그리고 암을 포함한 많은 심각한 질병을 앓을 가능성이 증가합니다. 따라서 우리는 어떻게 하면 건강한 몸무게를 유지할 것인지에 대해서 깊게 생각을 해야 합니다.

    우리는 무엇을 먹을 것인지 미리 계획을 해야 합니다. 그렇지 않으면 나이가 들어감에 따라 건강 문제가 생기게 될 것입니다. 만약 우리가 하루 종일 텔레비전을 시청하거나 비디오 게임을 하면 우리는 couch potato(오랫동안 가만히 앉아 군것질을 하면서 텔레비전만 보는 사람)가 될 것입니다. 우리는 건강이 최고라는 것을 항상 기억해야 합니다.

Part A 정답 및 풀이

1. Also, an _____ number of young people eat less desirable foods.
   (a) increase   (b) increases   (c) increasing   (d) increased

   정답: (c) increasing

'an increasing number of~'는 '점점 더 많은 수의 ~'라는 뜻으로 쓰이는 표현입니다. 자주 사용되는 표현인 만큼 알고 있으면 아주 유용합니다.

문장 해석: 또한, 비교적 바람직하지 못한 음식을 먹는 젊은 사람들의 수가 증가하고 있습니다.

2. A lot of youngsters love _____ at fast-food restaurants.
   (a) eat	(b) eats	(c) ate	(d) to eat

정답: (d) to eat

'~ 하는 것을 좋아하다'라는 표현은 영어로 'love to ~'로 많이 사용되고 있습니다.

문장 해석: 많은 수의 젊은이들이 패스트푸드 음식점에서 식사하는 것을 좋아합니다.

3. They seldom exercise and, _____, become overweight.
   (a) for a while	(b) as a result	(c) by the way	(d) for example

정답: (b) as a result

'as a result'는 '그 결과로서'라는 말입니다. result라는 단어 한 개만 외우지 말고 as a result와 같이 세 단어로 된 표현을 최소단위로 알고 있으면 매우 유용합니다.

문장 해석: 그들은 거의 운동을 하지 않으며, 그 결과 과체중이 됩니다.

4. We need to plan ahead what we should eat. _____, we will have all kinds of health problems as we get older.
   (a) Otherwise	(b) On the other hand
   (c) Therefore	(d) Meanwhile

정답: (a) Otherwise

'We need to plan ahead what we should eat.'과 그 뒤의 '~ as they get older.'이라는 두 문장 사이에 들어갈 가장 자연스러운 표현을 찾아보는 문제입니다. 가장 알맞은 말은 '그렇지 않으면'이란 뜻을 가진 'otherwise'입니다. 참고로, 'on the other hand'는 '반면에'라는 뜻이며 'meanwhile'은 '그러는 동안에'라는 말입니다.

문장 해석: 우리는 무엇을 먹을 것인지 미리 계획을 해야 합니다. 그렇지 않으면 나이가 들어감에 따라 건강 문제가 생기게 될 것입니다.

5. If we watch TV or play computer games all day, we may turn _____ couch potatoes.
   (a) to　　　　　(b) into　　　　　(c) over　　　　　(d) out

정답: (b) into
'turn into couch potatoes'라는 영어 관용표현을 묻고 있는 질문입니다.
문장 해석: 만약 우리가 하루 종일 텔레비전을 시청하거나 비디오 게임을 하면 우리는 couch potato(오랫동안 가만히 앉아 군것질을 하면서 텔레비전만 보는 사람)가 될 것입니다.

Part B. 샘플 답변 및 해설

1. What do you do to stay healthy?
   (건강을 유지하기 위해서 무엇을 하십니까?)

   Sample Short Answers(샘플 답변)
   Person A: I go to the gym everyday. I have been working out at the gym for almost two years. I feel great after working out. I also try to avoid eating processed foods because they contain additives, preservatives, and other chemicals that are harmful for our health.
   (저는 매일 헬스장에 갑니다. 저는 거의 2년간 헬스장에서 운동을 해오고 있는 중입니다. 운동을 하고나면 기분이 정말 좋아요. 저는 또한 가공식품을 먹는 것을 피하기 위해서 노력합니다. 왜냐하면 가공식품은 우리 몸에 해로운 식품첨가물과 방부제 그리고 다른 화학물질을 함유하고 있기 때문입니다.)
   Person B: I jog around my neighborhood in the evening. On weekends, I sometimes hike up the mountain near my home. I see a lot of people working out these days. I guess I am not the only one who thinks that health comes first.

(저는 저녁에 제 집 주위를 돌면서 조깅을 합니다. 주말에는 때때로 저의 집 근처에 있는 산에 등산을 갑니다. 저는 요즈음 많은 사람들이 운동을 하는 것을 봅니다. 건강이 최고라고 생각하는 사람들이 저만 있는 것이 아니라는 생각이 듭니다.)

2. Do you like to eat out at a fast-food restaurant?
   (패스트푸드 레스토랑에서 식사하는 것을 좋아하십니까?)

   Sample Short Answers(샘플 답변)
   Person A: I enjoy eating out at fast-food restaurants. I usually eat a hamburger, french fries, and a coke for lunch. But the problem is that I am gaining a lot of weight because I don't exercise at all.
   (저는 패스트푸드 레스토랑에서 식사하는 것을 즐깁니다. 저는 점심식사로 주로 햄버거와 프렌치프라이 그리고 콜라를 먹습니다. 하지만 문제는 제가 전혀 운동을 하지 않기 때문에 살이 많이 찐다는 것입니다.)
   Person B: I usually go to KFC because I like eating fried chicken. I sometimes go to McDonald's or Burgerking. But, I don't have to worry about getting fat because I work out almost everyday.
   (저는 닭튀김을 좋아하기 때문에 주로 KFC에 갑니다. 저는 때때로 맥도날드 혹은 버거킹에 갑니다. 하지만 저는 거의 매일 운동을 하므로 살찌는 데 대해서는 걱정을 하지 않습니다.)

3. How often do you exercise?(얼마나 자주 운동을 하십니까?)

   Sample Short Answers(샘플 답변)
   Person A: I get outside and exercise whenever I feel like working out. I can get a good night's sleep after working out for about two hours. I strongly recommend those who suffer from sleep disorders to get outside and work out.
   (저는 운동을 하고 싶을 때는 언제든지 밖에 나가서 운동을 합니다. 저는 약 두 시간 정도 운동을 하고 나면 밤에 잠을 잘 잘 수가 있습니다. 저는 수면장애를

겪고 있는 사람들에게 밖으로 나가서 운동할 것을 적극 추천합니다.)

Person B: I work out at the gym at least three times a week. I enjoy running on a treadmill listening to my favorite music. I also go swimming on weekends. I have been swimming for almost 15 years. So, I am in great shape.
(저는 헬스장에서 일주일에 적어도 세 번은 운동을 합니다. 저는 제가 가장 좋아하는 음악을 들으면서 러닝머신에서 뛰는 것을 즐깁니다. 저는 또한 주말에는 수영을 하러 갑니다. 저는 거의 15년 동안 수영을 해왔습니다. 그래서 저는 매우 건강해 보입니다.)

4. Do you think you need to change your eating habits? Why or why not?
(식습관을 바꿀 필요가 있다고 생각하십니까? 왜 그렇게 생각하세요?)

Sample Short Answers(샘플 답변)

Person A: I need to change my eating habits because I usually skip breakfast in the morning. I think I need to get up early in the morning and eat breakfast before going to school. Also, I should cut down on eating too much fatty foods. I guess I'll have serious health problems if I don't change my eating habits.
(저는 대개 아침식사를 거르기 때문에 식습관을 바꿀 필요가 있습니다. 저는 아침에 일찍 일어나서 학교에 가기 전에 아침식사를 할 필요가 있다고 생각합니다. 또한, 저는 너무 기름기가 많은 음식 섭취를 줄여야 합니다. 저는 제 식습관을 바꾸지 않으면 심각한 건강문제가 생길 것이라고 봅니다.)

Person B: I don't think I need to change my eating habits. I eat healthy foods such as nuts, fish, whole grains, fruit, and vegetables. I rarely eat fast food. I also do regular exercise to stay healthy.
(저는 제 식습관을 바꿀 필요가 없다고 생각합니다. 저는 견과류, 생선, 통곡물, 과일 그리고 채소와 같은 건강식을 먹습니다. 저는 패스트푸드를 거의 먹지 않습니다. 저는 또한 건강을 유지하기 위해서 규칙적인 운동을 합니다.)

5. What do you think will happen to you if you watch TV or play video games all day without doing any physical exercise?
(운동을 하지 않고 하루 종일 텔레비전을 보거나 비디오 게임을 한다면 어떤 일이 생길 것이라고 봅니까?)

Sample Short Answers(샘플 답변)

Person A: I guess I'll turn into a couch potato. I may have to cope with all kinds of health problems including hypertension, diabetes, and heart attacks. I may also suffer from anxiety and depression because I don't give myself a chance to socialize with other people.
(제 생각에 저는 couch potato로 변할 것 같습니다. 고혈압, 당뇨, 그리고 심장마비를 포함한 온갖 모든 종류의 건강문제에 대처를 해야만 할지도 모릅니다. 또한, 다른 사람들과 어울리지 않기 때문에 불안감과 우울증으로 고통을 받게 될 수도 있습니다.)

Person B: I may get addicted to computer games. Some people get so addicted to computer games that they cannot tell the difference between reality and virtual reality. We all need to get outside and do some exercise once in a while. Otherwise, we will have to deal with all kinds of health issues later on.
(저는 컴퓨터게임에 중독이 될 수도 있습니다. 몇몇 사람들은 컴퓨터게임에 너무 많이 중독되어서 현실과 가상현실 사이의 차이를 구분할 수가 없습니다. 우리 모두는 가끔씩 밖으로 나가서 운동을 할 필요가 있습니다. 그렇지 않으면 나중에 온갖 종류의 건강문제를 처리해야만 할 것입니다.)

9. How can you improve your English?

Are you learning English as a foreign language? Are you having difficulties learning it? Don't be discouraged. It takes a long time to master a foreign language. Here are some of the tips that will help you improve your English.

- Listen to songs in English. It will also help relieve your stress.

- Watch movies and TV shows in English. You don't have to try to understand every word. Just relax and enjoy the shows. It will help you with your English listening.

- Read books written in English. Don't look up every word you don't understand in the dictionary. Try to guess at the meaning from the context and from the story.

- Try to keep a diary or journal in English. You can exchange letters or emails with someone who is interested in learning English. It will help you with your English writing.

- Memorize useful English expressions and sentences and use them when you talk with native speakers of English.

- Join an English conversation club and enjoy talking with other people in English. Speak English as often as possible.

One thing I want to tell you is that there is no shortcut to learning a foreign language. Remember that Rome was not built in a day. It takes time and effort to learn a foreign language. No pain, no gain.

Part A. Choose the best answer to fill in the blank.

1. It takes a long time _____ a foreign language.
    (a) master	(b) masters	(c) mastering	(d) to master

2. Here are some of the tips that will help you _____ your English.
    (a) improve	(b) improves	(c) improving	(d) to improve

3. Don't look _____ every word you don't understand in the dictionary.
    (a) at	(b) up	(c) for	(d) into

4. Reading books _____ in English is a good way to improve English reading.
    (a) write	(b) writes	(c) writing	(d) written

5. Just enjoy _____ with other people in English.
    (a) talk	(b) talks	(c) talking	(d) to talk

Part B. Rewrite the underlined word or phrase correctly.

1. Listen to <u>song</u> in English. It will also help relieve your stress.

2. Try <u>guess</u> at the meaning from the context and from the story.

3. There is no shortcut to <u>learn</u> a foreign language.

4. Remember that Rome was not <u>build</u> in a day.

Part C. Answer the following questions in English.

1. How can you improve your English pronunciation?

2. How can you improve your English speaking skills?

3. Do you have any friends you can exchange letters or emails with?

4. How often do you read English newspapers?

5. How many hours a day do you study English?

6. Why do you study English?

어떻게 하면 영어실력을 향상시킬 수 있을까요?

여러분은 영어를 외국어로서 공부를 하고 있습니까? 영어를 배우는 데 어려움이 있습니까? 낙심하지 마십시오. 외국어를 마스터하려면 오랜 시간이 걸립니다. 여기에 여러분의 영어를 향상시키는 데 도움을 줄 수 있는 몇 가지 조언을 소개합니다.

- 영어로 된 노래를 들으세요. 그것은 또한 여러분의 스트레스를 해소시켜 줄 것입니다.

- 영어로 된 영화와 텔레비전 방송을 시청하세요. 모든 단어를 다 이해하려고 하지는 마세요. 그냥 긴장을 풀고 즐기면 됩니다. 그것은 여러분의 영어듣기에 도움을 줄 것입니다.

- 영어로 된 책을 읽으세요. 이해하지 못하는 모든 단어를 사전에서 찾으려고 하지는 마세요. 단어의 의미를 문맥과 이야기로부터 추측하기 위해 노력하세요.

- 영어로 일기를 써 보세요. 영어를 공부하는 데 관심이 있는 누군가와 편지나 이메일을 주고받을 수도 있어요. 그것은 여러분의 영어쓰기에 도움을 줄 것입니다.

- 유용한 영어표현과 문장을 암기해서 영어모국어 화자와 이야기할 때 사용

해 보세요.

- 영어회화 동아리에 가입해서 다른 사람들과 영어로 말하는 것을 즐기세요. 가능한 한 자주 영어로 말해보세요.

한 가지 여러분에게 말씀드리고 싶은 것은 외국어를 배우는 데는 지름길이 없다는 것입니다. 로마가 하루아침에 이루어지지 않았다는 것을 기억하세요. 외국어를 배우는 데는 시간과 노력이 필요합니다. 고통 없이는 얻는 것도 없습니다.

Part A 정답 및 풀이

1. It takes a long time _____ a foreign language.
   (a) master   (b) masters   (c) mastering   (d) to master

   정답: (d) to master
   It ~ to ~ 구문으로서 to master가 정답입니다.
   문장 해석: 외국어를 마스터하려면 오랜 시간이 걸립니다.

2. Here are some of the tips that will help you _____ your English.
   (a) improve   (b) improves   (c) improving   (d) to improve

   정답: (a) improve
   조동사 will 다음에는 동사원형이 옵니다. 따라서 improve가 정답입니다.
   문장 해석: 여기에 여러분의 영어를 향상시키는 데 도움을 줄 수 있는 몇 가지 조언을 소개합니다.

3. Don't look _____ every word you don't understand in the dictionary.
   (a) at   (b) up   (c) for   (d) into

정답: (b) up
'단어를 사전에서 찾아보다'는 표현을 영어로 하면 'look up + 단어 + in the dictionary'입니다. every, all, both 등의 형용사와 always, entirely, completely 등의 부사가 부정어와 함께 쓰이면 전체가 아닌 부분을 부정한다는 것을 알아둡시다. 이 문장에서는 every가 not과 어울려서 부분부정을 하고 있습니다.
문장 해석: 이해하지 못하는 모든 단어를 사전에서 찾으려고 하지는 마세요.

4. Reading books _____ in English is a good way to improve English reading.
   (a) write   (b) writes   (c) writing   (d) written

정답: (d) written
'영어로 쓰여진 책'은 영어로 'books written in English'입니다. books that are written in English로 이해하면 됩니다. 즉 영어로 누군가에 의해서 쓰여졌으므로 동사 write의 과거분사인 written이 쓰인 것입니다.
문장 해석: 영어로 쓰여진 책을 읽는 것은 영어독해를 향상시킬 수 있는 좋은 방법입니다.

5. Just enjoy _____ with other people in English.
   (a) talk   (b) talks   (c) talking   (d) to talk

정답: (c) talking
enjoy는 동명사를 목적어로 취하는 동사입니다. 따라서 talking이 정답입니다. 그리고 enjoy 외에도 동명사를 목적어로 취하는 동사는 avoid, delay, finish 등이 있다는 것을 알아둡시다.
문장 해석: 그냥 다른 사람들과 영어로 말하는 것을 즐기세요.

Part B. 정답 및 풀이

1. Listen to <u>song</u> in English. It will also help relieve your stress.

> 정답: song → songs
> song은 셀 수 있는 명사로서 a song 혹은 songs로 표현해야 합니다. 여기서는 영어로 된 노래가 한 개 이상 있으므로 의미상 복수로 취급해서 songs라고 해야 합니다.
> 문장 해석: 영어로 된 노래를 들으세요. 그것은 또한 여러분의 스트레스를 해소시켜 줄 것입니다.

2. Try <u>guess</u> at the meaning from the context and from the story.

> 정답: guess → to guess
> try는 to부정사와 동명사 둘 다 목적어로 취할 수 있습니다. 하지만 뜻이 조금 달라지는데 'try to' 하면 '~하려고 노력하다'이며 'try~ing' 하면 '~하려고 시도하다'입니다. 이 문장은 '~하기 위해서 노력하세요'라는 뜻이 담겨 있으므로 to guess가 알맞습니다.
> 문장 해석: 단어의 의미를 문맥과 이야기로부터 추측하기 위해 노력하세요.

3. There is no shortcut to <u>learn</u> a foreign language.

> 정답: learn → learning
> shortcut to의 to는 전치사입니다. 예를 들어서, 'shortcut to success'라고 하면 '성공으로의 지름길'이라는 뜻입니다. to가 전치사이므로 그 뒤에는 명사나 동명사가 옵니다.
> 문장 해석: 외국어를 배우는 데는 지름길이 없습니다.

4. Remember that Rome was not <u>build</u> in a day.

> 정답: build → built
> 수동태 구문은 'be동사 + 과거분사'입니다. 따라서 built로 수정해야 됩니다.

9. How can you improve your English? | 89

문장 해석: 로마가 하루 만에 지어지지 않았다는 것을 기억하세요.

Part C. 샘플 답변 및 해설

1. How can you improve your English pronunciation?
   (어떻게 하면 영어발음을 향상시킬 수 있을까요?)

   Sample Short Answers(샘플 답변)
   Person A: When we learn a new word, we should learn how to pronounce it correctly.
   (우리가 새로운 단어를 배울 때 그 단어를 올바로 발음하는 법을 배워야 합니다.)
   Person B: One of the effective ways to improve English pronunciation is to read books out loud.
   (영어발음을 향상시킬 수 있는 효과적인 방법 중 하나는 책을 큰소리로 읽는 것입니다.)

2. How can you improve your English speaking skills?
   (어떻게 하면 영어말하기를 향상시킬 수 있을까요?)

   Sample Short Answers(샘플 답변)
   Person A: I think I should practice speaking English everyday. Attending an English conversation academy is also a good idea.
   (영어말하기를 매일 연습해야 된다고 생각합니다. 영어회화학원에 다니는 것도 좋은 생각입니다.)
   Person B: Joining an English discussion or conversation club would be a good idea. We can have opportunities to practice English speaking with other people who are interested in improving their English speaking skills.
   (영어토론이나 회화 동아리에 가입하는 것은 좋은 생각입니다. 우리는 영어말하기를 향상하는 데 관심이 있는 사람들과 함께 영어말하기를 연습할 수 있는

기회를 가질 수 있습니다.)

3. Do you have any friends you can exchange letters or emails with?
(편지와 이메일을 주고받을 수 있는 친구가 있습니까?)

Sample Short Answers(샘플 답변)
Person A: Yes, I do. I have a pen pal who lives in the United States.
(예, 있습니다. 저는 미국에 살고 있는 펜팔이 있습니다.)
Person B: No, not yet. I am looking for people with whom I can exchange letters or emails in English.
(아뇨, 아직 없습니다. 저는 영어로 편지나 이메일을 주고받을 수 있는 사람을 찾고 있는 중입니다.)

4. How often do you read English newspapers?
(얼마나 자주 영자신문을 보십니까?)

Sample Short Answers(샘플 답변)
Person A: I subscribe to an English newspaper. I read it everyday so that I can improve my English reading skills.
(저는 영자신문을 구독하고 있습니다. 영어독해 실력을 향상시키기 위해서 매일 영자신문을 읽습니다.)
Person B: I am going to subscribe to an English newspaper. My professor recommended me to read English newspapers if I wanted to improve my English.
(저는 영자신문을 구독하려고 합니다. 교수님께서 영어실력을 향상시키기 원한다면 영자신문을 읽을 것을 저에게 권하셨습니다.)

5. How many hours a day do you study English?
(하루에 영어공부를 몇 시간 하십니까?)

A Sample Answer(샘플 답변)

I study English for about five or six hours a day. I spend roughly an hour or two watching English news online. I read English newspapers or read books written in English for about two hours. I practice English speaking for about an hour. And I spend about an hour writing emails to my friends and relatives who live in Canada and the Untied States.
(저는 하루에 약 다섯 시간 내지 여섯 시간 정도 영어공부를 합니다. 약 한두 시간 정도 온라인으로 영어뉴스를 시청합니다. 약 두 시간 정도 영자신문이나 영어로 쓰여진 책을 읽습니다. 약 한 시간 정도 영어말하기를 공부합니다. 그리고 캐나다와 미국에 살고 있는 친구와 친지들에게 이메일을 쓰는 데 약 한 시간가량 보냅니다.)

6. Why do you study English?(왜 영어공부를 하십니까?)

Sample Short Answers(샘플 답변)

Person A: I study English because I want to get a good job after graduation.
(저는 졸업 후에 좋은 직장을 가지기 위해서 영어를 공부합니다.)

Person B: I study English because I want to make friends with people from other countries.
(저는 다른 나라 사람들과 친구가 되기 위해서 영어를 공부합니다.)

Person C: I want to study abroad in an English speaking country. That's why I study English very hard.
(저는 영어를 쓰는 나라에 유학을 가고 싶습니다. 그게 바로 제가 영어를 열심히 공부하는 이유입니다.)

Person D: I want to travel around the world. If I speak good English, I'll have no problem communicating with other people because English is an international language.
(저는 세계여행을 하고 싶습니다. 영어를 잘하면 다른 사람들과 의사소통하는 데 문제가 없을 것입니다. 왜냐하면 영어는 국제어이기 때문입니다.)

Person E: I need to have a good command of English in order to get a job at an international organization. I want to work overseas.
(저는 국제단체에서 직장을 얻기 위해서 영어를 잘할 필요가 있습니다. 저는 해외에서 일을 하고 싶습니다.)

10. Cultural Differences

Learning a language is learning the cultural norms and values observed by the people who speak the language as their mother tongue. Language learning without understanding cultural differences may cause misunderstandings in communication.

You may experience culture shock if you are not well aware of the rules and customs of the country you are visiting even though your ability to speak the language is excellent. For example, when you talk to someone in America it is rude if you don't look the person in the eye.

Body language and gestures are also quite different. For instance, a hand gesture meaning "cash" in Korea refers to another thing in America. It means "O.K." However, you should bear in mind that making a circle with your thumb and your index finger is a highly insulting gesture in South America.

Part A. Rewrite the underlined word or phrase correctly.

1. Learning a language is learning the cultural norms and values <u>observe</u> by the people who speak the language as their mother tongue.

2. Language learning without understanding cultural differences may <u>causing</u> misunderstandings in communication.

3. You may experience culture shock if you are not well <u>awareness</u> of the rules and customs of the country you are visiting.

4. A hand gesture <u>mean</u> "cash" in Korea refers to another thing in America. It means "O.K."

Part B. Answer the following questions in English.

1. Have you ever experienced culture shock? Share your experiences with others.

2. Do you think it is necessary to learn cultural differences when studying a foreign language?

3. What do you think is a good way to learn more about cultural differences?

4. In what way(s) is being aware of cultural differences beneficial?

문화차이

언어를 배우는 것은 그 언어를 모국어로 말하는 사람들이 따르는 문화적 규범과 가치를 배우는 것입니다. 문화차이를 이해하지 않고 언어를 배우는 것은 의사소통 시 오해를 불러일으킬 수 있습니다.

여러분이 방문하는 나라의 언어를 말할 수 있는 능력이 아무리 탁월하다 할지라도 그 나라 사람들이 따르는 규범과 관습을 잘 알지 못한다면 여러분은 문화충격을 겪을지도 모릅니다. 예를 들어서, 미국에서는 누군가와 이야기를 나눌 때 상대방을 바라보지 않으면 무례한 것으로 간주됩니다.

신체 언어와 제스처 역시 매우 다릅니다. 예를 들어서 돈(cash)을 의미하는 손동작은 미국에서는 다른 것을 가리킵니다. 미국에서는 오케이(O.K.)를 의미합니다. 하지만 남미에서는 검지와 엄지를 맞대어 원을 만드는 것은 매우 무례한 제스처라는 것을 반드시 명심해야 됩니다.

Part A 정답 및 풀이

1. Learning a language is learning the cultural norms and values <u>observe</u> by the people who speak the language as their mother tongue.

   정답: observe → observed
   'who이하 하는 사람들에 의해서 지켜지는(준수되는) 문화적 규범과 가치'로 이해되어야 하므로 observe는 observed(지켜지는, 준수되는)로 바뀌어야 됩니다.
   문장 해석: 언어를 배우는 것은 그 언어를 모국어로 말하는 사람들이 따르는 문화적 규범과 가치를 배우는 것입니다.

2. Language learning without understanding cultural differences may <u>causing</u> misunderstandings in communication.

> 정답: causing → cause
> 조동사 may 다음에 나오는 동사는 동사원형이 되어야 합니다.
> 문장 해석: 문화 차이를 이해하지 않고 언어를 배우는 것은 의사소통 시 오해를 불러일으킬 수 있습니다.

3. You may experience culture shock if you are not well <u>aware</u> the rules and customs of the country you are visiting.

> 정답: aware → aware of
> '인지하다', '깨닫다', '알아차리다'는 영어로 'be aware of'와 같이 표현할 수 있습니다. '문화충격'은 영어로 'culture shock'이라고 합니다.
> 문장 해석: 여러분이 방문하는 나라의 규범과 관습을 잘 알지 못한다면 여러분은 문화충격을 겪을지도 모릅니다.

4. A hand gesture <u>mean</u> "cash" in Korea refers to another thing in the United States. It means "O.K."

> 정답: mean → meaning
> mean은 meaning으로 수정되어야 합니다. 'A hand gesture meaning "cash" in Korea'가 문장의 주어입니다.
> 문장 해석: 돈(cash)을 의미하는 손동작은 미국에서는 다른 것을 의미합니다. 미국에서는 오케이(O.K.)를 의미합니다.

Part B 샘플 답변 및 해설

1. Have you ever experienced culture shock? Share your experiences with others.
   (문화충격을 경험한 적이 있습니까? 다른 사람들과 그 경험을 나누어보세요.)

   A Sample Answer(샘플 답변)
   I went to the States for the first time when I was a college freshman. I remember that I was looking at another direction when I was talking with someone. I learned later that he was a little bit upset because I was not looking him in the eye when I was talking with him.
   (저는 대학 1학년 때 처음으로 미국에 갔습니다. 제가 누군가와 이야기하고 있을 때 다른 방향을 보고 있었던 것을 기억합니다. 나중에 그분이 약간 화가 난 것을 알게 되었습니다. 왜냐하면 제가 그분의 눈을 보고 이야기하지 않았기 때문입니다.)

2. Do you think it is necessary to learn cultural differences when studying a foreign language?
   (외국어를 배울 때 문화 차이에 대해서 배우는 것이 필요하다고 생각하십니까?)

   A Sample Answer(샘플 답변)
   Yes, I do. I think it is very important for us to learn cultural differences when we study a foreign language. If we don't understand the target language culture, we may have difficulty communicating with the people who speak the target language as their mother tongue.
   (예, 그렇습니다. 제 생각에는 외국어를 배울 때 문화차이에 대해서 배우는 것이 매우 중요하다고 봅니다. 목표 언어의 문화를 이해하지 못한다면 그 목표 언어를 모국어로 말하는 사람들과 대화하는 데 어려움을 겪을지도 모릅니다.)

3. What do you think is a good way to learn more about cultural differences?
   (문화차이에 대해서 더 많은 것을 배울 수 있는 좋은 방법은 무엇이라고 생각하

십니까?)

A Sample Answer(샘플 답변)
I think reading books on cultural differences or visiting the target language country or community would be helpful.
(제 생각에는 문화차이에 관한 책을 읽거나 목표 언어 국가나 공동체를 방문하는 것이 도움이 되리라고 봅니다.)

4. In what way(s) is being aware of cultural differences beneficial?
   (문화 차이에 대해서 알고 있는 것이 어떤 점에서 도움이 됩니까?)

   A Sample Answer(샘플 답변)
   If we are well aware of cultural differences, we will not have much difficulty understanding people from other cultures.
   (우리가 문화 차이에 대해서 잘 알고 있으면 다른 문화권 출신의 사람들을 이해하는 데 큰 어려움이 없을 것입니다.)

11. What is the most impressive movie you have ever seen?

Opinion A

The most impressive movie that I have ever seen is "Avatar". I watched this movie when I was an elementary school student. It was so amazing. Most of the movie was created using computer graphics. The computer graphics used in this movie were really impressive. My dream is to be a visual director. A lot of movies are made using computer graphics. So, I often watch such movies because the movie "Avatar" introduced me to the world of computer graphics.

Opinion B

The most impressive movie that I have ever seen is "Secret." This is a Taiwanese movie. I watched this movie when I was a high school student. At that time, I was studying Chinese. I watched this movie to study Chinese. It was such an amazing movie. In this movie, the main characters travel between two different times and years. And the actress falls in love with the main actor. They can travel through different times using music. This movie deals with real love. The director of this movie is also the main actor in the movie.

Part A. Choose the best answer to fill in the blank.

1. I _____ this movie when I was an elementary school student.
   (a) watch　　(b) watches　　(c) watching　　(d) watched

2. Some parts of the movie were _____ using computer graphics.
   (a) create　　(b) creates　　(c) creating　　(d) created

3. The computer graphics were really _____.
   (a) impressive　(b) impresses　(c) impressing　(d) impressed

4. The most impressive movie that I have ever _____ is "Secret."
   (a) see　　(b) saw　　(c) seen　　(d) seeing

5. The actress falls _____ love with the main actor.
   (a) at　　(b) in　　(c) on　　(d) by

Part B. Rewrite the underlined word or phrase correctly.

1. A lot of movies are <u>make</u> using computer graphics.

2. I watched this movie <u>study</u> Chinese.

3. The main characters <u>traveling</u> between two different times and years.

Part C. Answer the following questions in English.

1. What kind of movies do you like?

2. How often do you go to the movies?

3. Who is your favorite movie star?

4. What is the most impressive movie you have ever seen?

5. Have you ever dreamed of being a movie star?

6. Do you have a friend or a relative who is a movie star?

7. Have you ever met a movie star?

지금까지 본 영화 중에서 가장 인상 깊었던 영화는 무엇입니까?

의견 A

지금까지 본 영화 중에서 가장 인상 깊었던 영화는 아바타입니다. 저는 초등학교 학생이었을 때 이 영화를 봤습니다. 너무 멋진 영화였죠. 이 영화의 대부분은 컴퓨터 그래픽을 사용해서 만들어졌습니다. 이 영화에서 사용된 컴퓨터 그래픽은 정말로 인상적이었습니다. 저의 꿈은 시각 연출자가 되는 것입니다. 많은 영화가 컴퓨터 그래픽을 사용해서 만들어집니다. 그래서 저는 그런 영화를 종종 관람합니다. 왜냐하면 아바타라는 영화가 저를 컴퓨터 그래픽 세상에 소개를 시켜주었기 때문입니다.

의견 B

지금까지 본 영화 중에서 가장 인상 깊었던 영화는 시크릿입니다. 이 영화는 타이완 영화입니다. 저는 고등학생이었을 때 이 영화를 봤습니다. 그 당시에 저는 중국어를 공부하고 있었습니다. 저는 이 영화를 중국어를 공부하기 위해서 봤습니다. 정말 굉장한 영화였습니다. 이 영화에서는 주인공들은 두 개의 다른 시간대를 여행합니다. 그리고 여자 주인공은 남자 주인공과 사랑에 빠집니다. 그들은 음악을 사용해서 시간을 여행합니다. 이 영화는 사랑을 주제로 하고 있습니다. 이 영화의 감독이 이 영화의 주인공이기도 합니다.

Part A 정답 및 풀이

1. I _____ this movie when I was an elementary school student.
   (a) watch (b) watches (c) watching (d) watched

정답: (d) watched
'when I was an elementary school student'로 볼 때 과거에 있었던 일을 이야기하고 있으므로 watched가 정답입니다. 시제일치를 묻는 문제입니다.
문장 해석: 저는 초등학교 학생이었을 때 이 영화를 봤습니다.

2. Most of the movie was _____ using computer graphics.
   (a) create (b) creates (c) creating (d) created

정답: (d) created
수동태의 형태는 'be동사 + 과거분사'이므로 create이라는 동사의 과거분사인 created가 정답입니다. most of 뒤에 오는 명사가 단수인 the movie이므로 알맞은 동사는 was입니다.
문장 해석: 그 영화의 대부분은 컴퓨터 그래픽을 사용해서 만들어졌습니다.

3. The computer graphics were really _____.
   (a) impressive (b) impresses (c) impressing (d) impressed

정답: (a) impressive
주어 + 동사 + 보어로 이루어진 2형식 문장으로서 주어는 The computer graphics이며 동사는 were입니다. 따라서 알맞은 보어는 impressive입니다.
문장 해석: 컴퓨터 그래픽은 정말로 인상적이었습니다.

4. The most impressive movie that I have ever _____ is "Secret."
   (a) see (b) saw (c) seen (d) seeing

정답: (c) seen

현재완료는 과거에서 일어난 일이 현재까지 영향을 미칠 경우에 사용합니다. 현재완료의 형태는 have(has)+과거분사이므로 see의 과거분사인 seen이 정답입니다.
문장 해석: 지금까지 본 영화 중에서 가장 인상 깊었던 영화는 시크릿입니다.

5. The actress falls _____ love with the main actor.
   (a) at   (b) in   (c) on   (d) by

정답: (b) in
'사랑에 빠지다'를 영어로 표현하면 'fall in love'입니다. 따라서 in이 정답입니다. 참고로 'fall out of love'라고 하면 '사랑이 식다'라는 말입니다.
문장 해석: 여자 주인공은 남자 주인공과 사랑에 빠집니다.

Part B 정답 및 풀이

1. A lot of movies are <u>make</u> using computer graphics.

정답: make → made
수동태의 형태는 be + 동사의 과거분사이므로 동사 make의 과거분사인 made가 알맞습니다. 'a lot of'는 '많은', '여러'라는 뜻이며 이와 비슷한 말은 'lots of'가 있습니다.
문장 해석: 많은 영화가 컴퓨터 그래픽을 사용해서 만들어집니다.

2. I watched this movie <u>study</u> Chinese.

정답: study → to study
'중국어를 공부하기 위해서'를 표현하려면 to부정사를 사용해서 to study Chinese가 되어야 합니다. 참고로 동사 watch를 써서 'watch a movie'라고 하면 주로 '집에서 영화를 보다'라는 말이며 동사 see를 써서 'see a movie'라고 하면 주로 '극장에 가서 영화를 보다'라는 말입니다.
문장 해석: 저는 중국어를 공부하기 위해서 이 영화를 봤습니다.

3. The main characters <u>traveling</u> between two different times and years.

> 정답: traveling → travel
> 문장에서 주어는 The main characters인데 동사의 형태가 올바르지 못합니다. 주어의 수가 복수이므로 동사의 알맞은 형태는 travel입니다.
> 문장 해석: 주인공들은 두 개의 다른 시간대를 여행합니다.

Part B 샘플 답변 및 해설

1. What kind of movies do you like?(어떤 영화를 좋아하십니까?)

   Sample Short Answers(샘플 답변)
   Person A: I like all kinds of movies.(저는 모든 영화를 좋아합니다.)
   Person B: I like action packed movies.(저는 액션영화를 좋아합니다.)
   Person C: I love watching romantic comedies.(저는 로맨틱 코미디 영화를 보는 것을 매우 좋아합니다.)
   Person D: I enjoy watching horror movies.(저는 공포영화를 보는 것을 즐깁니다.)

2. How often do you go to the movies?(얼마나 자주 영화를 보러 가십니까?)

   Sample Short Answers(샘플 답변)
   Person A: I usually go to the movies once or twice a month.
   (저는 한 달에 한두 번 영화를 보러 갑니다.)
   Person B: I rarely go to the movies. I usually watch movies at home.
   (저는 거의 영화를 보러 가지 않습니다. 저는 대개 집에서 영화를 봅니다.)

3. Who is your favorite movie star?(가장 좋아하는 영화배우는 누구입니까?)

   Sample Short Answers(샘플 답변)

Person A: I like Hwang Jung-min. He is one of the best actors. I have seen almost all of his movies.
(저는 황정민 씨를 좋아합니다. 그는 최고 배우 중 한 사람입니다. 저는 황정민 씨가 나오는 거의 모든 영화를 다 봤습니다.)

Person B: My favourite film star is Denzel Washington. I really admire him. I think he is a great actor. I saw all of his movies.
(제가 가장 좋아하는 배우는 Denzel Washington입니다. 저는 그를 정말로 존경합니다. 그는 훌륭한 배우라고 생각합니다. 저는 그가 나오는 모든 영화를 봤습니다.)

4. What is the most impressive movie you have ever seen?
(지금까지 본 영화 중에서 가장 인상 깊었던 영화는 무엇입니까?)

Sample Short Answers(샘플 답변)

Person A: 'Titanic' is one of the most touching movies that I have ever seen.
(제가 지금까지 본 가장 감명 깊었던 영화 중 하나는 타이타닉입니다.)

Person B: 'Jurassic Park' is one of the best movies that I have ever seen.
(제가 지금까지 본 가장 최고의 영화 중 하나는 쥬라기 공원입니다.)

5. Have you ever dreamed of being a movie star?
(영화배우가 되는 꿈을 꾸신 적이 있습니까?)

Sample Short Answers(샘플 답변)

Person A: When I was a child, I always wanted to be a movie star.
(제가 어린이였을 때 저는 항상 영화배우가 되고 싶었습니다.)

Person B: I once dreamed of becoming a famous movie star, but not anymore. I'm interested in becoming a singer instead.
(저는 예전에는 유명한 영화배우가 되는 것이 꿈이었지만 지금은 더 이상 그렇지 않습니다. 저는 그 대신에 가수가 되는 데 관심이 있습니다.)

6. Do you have a friend or a relative who is a movie star?
   (영화배우인 친구나 친지가 있습니까?)

Sample Short Answers(샘플 답변)

Person A: A friend of mine is one of the relatives of a famous Hollywood actor. He often gets invited to his private parties.
(제 친구 중 한 명은 유명한 할리우드 배우의 친척 중에 한 사람입니다. 제 친구는 그 배우의 개인 파티에 자주 초대됩니다.)

Person B: My uncle is a famous movie director. I know some of the movie stars personally. I can introduce you to him if you want to appear in a movie.
(저의 삼촌은 유명한 영화감독입니다. 저는 몇몇 배우를 개인적으로 알고 있습니다. 영화에 출연하고 싶으시면 저의 삼촌에게 소개해 드리겠습니다.)

7. Have you ever met a movie star?
   (영화배우를 직접 만나 본 적이 있습니까?)

A Sample Answer(샘플 답변)

I once saw a movie star at a hotel coffee shop in Hawaii. I didn't get a chance to talk to her. But some of my friends went over to her and asked her to take pictures together.
(저는 하와이의 어떤 호텔 커피숍에서 영화배우를 본 적이 있습니다. 그녀와 직접대화를 할 기회를 가지지는 못했지만 제 친구 중 몇 명은 그녀에게 다가가서 함께 사진을 찍자고 했습니다.)

12. Is it better to be single or married?

Opinion A

I am not sure whether I will be married or be single in the future. These days, the number of people who choose to remain single is increasing. I don't want to get married under pressure. Nobody can force me to get married. I think it is totally up to me whether I decide to get married or stay single.

Opinion B

If I decide to get married, it is very important for me to choose my lifetime partner carefully. I think a happy marriage has nothing to do with money. Love is what really matters. If I marry for money, I think my marriage would eventually end up in divorce.

Opinion C

If I can't find the right person for me until the age of 50, I think it is better for me to remain single for the rest of my life. One of the good things about being single is that I can do whatever I want to do. I can take on new hobbies and spend my time and energy on my studies or work.

Part A: Choose the best answer to fill in the blank.

1. I am not sure whether I will be married _____ be single in the future.
   (a) and   (b) or   (c) but   (d) as

2. Nobody can force me _____ married.
   (a) get   (b) gets   (c) getting   (d) to get

3. It is very important for me _____ my lifetime partner carefully.
   (a) choose   (b) chooses   (c) choosing   (d) to choose

4. I think a happy marriage has nothing to do _____ money.
   (a) of   (b) at   (c) with   (d) in

5. If I marry for money, I think my marriage would eventually end _____ in divorce.
   (a) up   (b) for   (c) with   (d) at

Part B. Answer the following questions in English.

1. Do you have a boyfriend/ girlfriend?

2. At what age do you want to get married?

3. What do you think about international marriage?

4. What are some of the advantages of international marriage?

5. What are some of the disadvantages of international marriage?

6. Do you think love is necessary to have a good marriage?

독신으로 사는 것이 좋을까요 결혼하는 것이 좋을까요?

의견 A

저는 미래에 결혼할지 아니면 혼자 살게 될 것인지 잘 모르겠습니다. 요즈음 독신으로 살기를 선택하는 사람들의 숫자가 늘어나고 있습니다. 저는 제 주위의 사람들이 강요한다고 해서 억지로 결혼하고 싶지는 않습니다. 아무도 저에게 결혼하라고 강요를 할 수는 없습니다. 제 생각에는 제가 결혼을 할지 혹은 독신으로 살지는 전적으로 저에게 달려 있다고 봅니다.

의견 B

만약 제가 결혼하기로 결정한다면 인생의 동반자를 신중하게 선택하는 것이 매우 중요합니다. 저는 행복한 결혼은 돈과는 아무런 관계가 없다고 생각합니다. 정말로 중요한 것은 사랑입니다. 제가 돈 때문에 결혼을 한다면 저의 결혼생활은 이혼으로 끝나게 될 것이라고 생각합니다.

의견 C

만약 제가 50세가 될 때까지 적당한 사람을 찾지 못한다면 저는 남은 인생을 혼자 사는 것이 낫다고 생각합니다. 싱글 라이프의 장점 중 하나는 하고 싶은 것은 무엇이든지 할 수 있다는 것입니다. 새로운 취미를 가질 수 있으며 제가 하고 싶은 공부나 업무에 저의 시간과 에너지를 쓸 수 있습니다.

Part A 정답 및 풀이 ─────────────

1. I am not sure whether I will be married _____ be single in the future.
   (a) and   (b) or   (c) but   (d) as

   정답: (b) or
   'whether A or B'는 'A이든지 B이든지 간에'라는 뜻입니다. 따라서 정답은 or입니다.
   문장 해석: 저는 미래에 결혼을 할지 아니면 혼자 살게 될 것인지 잘 모르겠습니다.

2. Nobody can force me _____ married.
   (a) get   (b) gets   (c) getting   (d) to get

   정답: (d) to get
   'force A to B' 즉, 'A가 B하도록 강요하다.'라는 표현을 알면 정답을 쉽게 구할 수 있는 문제입니다. '결혼을 하다'는 영어로 'get married'라고 합니다.
   문장 해석: 아무도 저에게 결혼을 하라고 강요를 할 수는 없습니다.

3. It is very important for me _____ my lifetime partner carefully.
   (a) choose   (b) chooses   (c) choosing   (d) to choose

   정답: (d) to choose
   'It... for ~ to do'구문은 'for 이하(for 다음에는 주로 사람이 옴)가 to~ 하는 것은 ... 하다'라는 뜻으로 자주 쓰입니다.
   문장 해석: 제가 인생의 동반자를 신중하게 선택하는 것이 매우 중요합니다.

4. I think a happy marriage has nothing to do _____ money.
   (a) of   (b) at   (c) with   (d) in

   정답: (c) with
   'have(has) nothing to do with ~'는 '~와 아무 관계가 없다'라는 표현입니다. 참고로 'have(has) something to do with'라고 하면 '~와 관계가 있다', '~와 상관이 있다'라는

말입니다.
문장 해석: 저는 행복한 결혼은 돈과는 아무런 관계가 없다고 생각합니다.

5. If I marry for money, I think my marriage would eventually end _____ in divorce.
   (a) up   (b) for   (c) with   (d) at

정답: (a) up

'end up ~'라는 표현은 '결국 ~으로 끝나다'라는 표현입니다. 예를 들어서 'If you drink and drive, you'll end up in prison.'이라고 하면 '음주운전을 하면 결국 철창신세를 지고 말거야.'라는 뜻입니다. 'marry for money'라고 하면 '돈 때문에 결혼을 하다'라는 말이며 '사랑 때문에 결혼을 하다'라고 말하고 싶으면 'marry for love'라고 하면 됩니다.
문장 해석: 제가 돈 때문에 결혼을 한다면 제 결혼생활은 이혼으로 끝나게 될 것이라고 생각합니다.

Part B 샘플 답변 및 해설

1. Do you have a boyfriend/ girlfriend?(남자친구/여자친구가 있습니까?)

Sample Short Answers(샘플 답변)

Person A: Yes, I have a boyfriend. We have been dating for almost seven years. We are in love with each other. We are finally getting married after COVID-19 forced us to postpone our wedding.
(예, 저는 남자친구가 있습니다. 저희들은 거의 7년 사귀어왔습니다. 저희들은 서로 사랑하고 있습니다. 저희들은 코로나 때문에 결혼을 미룬 후 마침내 결혼을 합니다.)

Person B: No, I don't have a girlfriend. I broke up with my girlfriend about a year ago. She dumped me. She said that she fell out of love with me. She is going out with another guy now.
(아뇨, 저는 여자친구가 없습니다. 저는 약 1년 전에 여자친구와 헤어졌습니다.

여자친구가 저를 차버렸어요. 저와의 사랑이 식었다고 말했어요. 지금은 다른 남자를 사귀고 있어요.)

2. At what age do you want to get married?
   (몇 살에 결혼하기를 원하십니까?)

   Sample Short Answers(샘플 답변)
   Person A: I want to get married in my late 30s.
            (저는 30대 후반에 결혼하고 싶습니다.)
   Person B: I don't want to get married until I find the right person for me.
            (저는 저에게 맞는 사람을 찾을 때까지는 결혼을 하고 싶지 않습니다.)
   Person C: I want to remain single for the rest of my life.
            (저는 평생 독신으로 살고 싶습니다.)

3. What do you think about international marriage?
   (국제결혼에 대해서 어떻게 생각하십니까?)

   Sample Short Answers(샘플 답변)
   Person A: Nationality doesn't matter because love comes first. What's important is love.
            (국적은 중요하지 않습니다. 사랑이 먼저니까요. 중요한 것은 사랑입니다.)
   Person B: I don't think there is anything wrong with international marriage. Love is what really matters.
            (국제결혼은 아무런 문제가 없다고 생각합니다. 사랑이 정말로 중요합니다.)

4. What are some of the advantages of international marriage?
   (국제결혼의 좋은 점은 무엇입니까?)

   A Sample Answer(샘플 답변)

You can have a chance to learn more about your partner's native language and culture. And your children can learn both languages naturally. According to a study conducted by well-known scholars, bilingual children are more successful than monolingual children in learning problem-solving and creative thinking skills.

(배우자의 모국어와 문화에 대해서 더 많은 것을 배울 수 있는 기회를 가질 수가 있습니다. 그리고 자녀들은 두 가지 언어를 자연스럽게 배울 수 있습니다. 잘 알려진 학자들의 연구에 따르면 하나의 언어만을 구사하는 아이들보다 이중 언어를 구사하는 아이들이 문제 해결 및 창의적 사고 능력을 배우는데 있어서 더 뛰어나다고 합니다.)

5. What are some of the disadvantages of international marriage?
  (국제결혼의 단점은 무엇입니까?)

A Sample Answer(샘플 답변)

It may take some time to understand each other's cultures, languages, and customs. Conflicts may occur if you are not really ready to embrace your partner's differences.

(서로의 문화와 언어 그리고 관습을 이해하는 데 시간이 걸릴 수 있습니다. 상대방의 차이점을 진심으로 받아들일 준비가 되어있지 않는다면 갈등이 생길 수 있습니다.)

6. Do you think love is necessary to have a good marriage?
  (원만한 결혼생활에 사랑은 필수라고 생각하십니까?)

Sample Short Answers(샘플 답변)

Person A: Love is necessary to have a good marriage. It is difficult to maintain marriage without love. Therefore, married couples have to learn how to maintain a good marriage. I strongly suggest those who want a successful marriage to read reference books on understanding differences between men and women.

(원만한 결혼생활을 하려면 사랑은 필수입니다. 사랑 없이 결혼 생활을 유지하는

것은 어렵습니다. 따라서 결혼한 커플은 좋은 결혼을 유지하는 방법을 배워야 합니다. 저는 성공적인 결혼생활을 원하는 사람들에게 남성과 여성의 차이를 이해하는 것에 관해서 다루고 있는 참고도서를 읽어볼 것을 정말 권합니다.)

Person B: We all know that love is necessary to maintain a good marriage. Every marriage has its ups and downs. That's why a lot of people consult with professional marriage counselors to better understand each other's needs.
(우리 모두는 좋은 결혼생활을 유지하려면 사랑이 필수적이라는 것을 알고 있습니다. 모든 결혼생활은 기복과 우여곡절이 있기 마련입니다. 그래서 많은 사람이 서로의 필요에 대해서 더 잘 이해하고자 전문적인 결혼상담사와 상담을 합니다.)

13. What do you mean by "It's a piece of cake."?

Slangs and idioms are widely used in movies and dramas as well as in daily conversations. I guess most of you are familiar with the English idiom, "It's a piece of cake." But do you know other expressions that are similar in meaning? Have you heard of "It's a breeze" or "It's as easy as falling off a log."? They also mean that something is easy to obtain or accomplish.

If you sound too bookish when you talk to others, chances are that you may not leave a good impression on them. Native speakers of English use a lot of idioms and slangs. By using them, they feel a sense of closeness and belonging to one another. Occasional use of idioms will help solidify your relationship with others.

Part A. Choose the best answer to fill in the blank.

1. Idioms are widely _____ in movies and dramas as well as in daily conversations.
   (a) use   (b) uses   (c) using   (d) used

2. I guess most of you are familiar _____ the English idiom, "It's a piece of cake."

(a) of (b) with (c) by (d) at

3. If you sound too bookish, you may not leave a good impression _____ other people.
   (a) on (b) at (c) with (d) in

4. _____ using idioms, they feel a sense of closeness and belonging to one another.
   (a) In (b) With (c) By (d) At

Part B. Answer the following questions in English.

1. What is your favorite English idiom?

2. How often do you use English idioms?

3. What are some of the good ways to learn English idioms?

4. What do you think of those who always talk like a book when they speak English?

5. Do you think your English will improve by learning English idioms?

"It's a piece of cake."가 무슨 뜻입니까?

속어와 이디엄은 일상대화에서뿐만 아니라 영화와 드라마에서 널리 사용됩니다. 아마 여러분들 중 대다수는 "It's a piece of cake.(식은 죽 먹기)"이라는 영어 이디엄을 잘 알고 있을 것입니다. 하지만 여러분은 이와 비슷한 의미를 지닌 다른 표현들을 알고 있습니까? "It's a breeze."나 "It's as easy as falling off a log."과 같은 표현을 들어본 적이 있습니까? 이 표현들 역시 어떤 것을 획득하거나 성취하기가 쉽다는 것을 의미합니다.

다른 사람들과 이야기할 때 너무 책에서 말하는 것처럼 딱딱하게 말한다면 그들에게 좋은 인상을 줄 수가 없을지도 모릅니다. 영어모국어화자는 많은 이디엄과 속어를 사용합니다. 이런 표현들을 사용함으로써 그들은 서로 친근감과 소속감을 느낍니다. 이따금 이디엄을 사용하는 것은 다른 사람들과의 관계를 돈독히 해 줄 것입니다.

Part A 정답 및 풀이

1. Idioms are widely _____ in movies and dramas as well as in daily conversations.
   (a) use   (b) uses   (c) using   (d) used

   정답: (d) used
   수동태 형태는 'be동사 + 동사의 과거분사'입니다. 동사 use의 과거분사는 used입니다.
   문장 해석: 이디엄은 일상대화에서뿐만 아니라 영화와 드라마에서 널리 사용되어집니다.

2. I guess most of you are familiar _____ the English idiom, "It's a piece of cake."
   (a) of   (b) with   (c) by   (d) at

정답: (b) with
'~ 에 익숙하다, ~을 잘 알고 있다'를 영어로 표현하면 'be familiar with ~'입니다. 따라서 정답은 with입니다.
문장 해석: 아마 여러분들 중 대다수는 "It's a piece of cake.(식은 죽 먹기)"라는 영어 이디엄을 잘 알고 있을 것입니다.

3. If you sound too bookish, you may not leave a good impression _____ other people.
   (a) on   (b) at   (c) with   (d) in

정답: (a) on
'~에게 좋은 인상을 남기다'라는 표현을 영어로 'leave a good impressions on ~'이라는 것을 알면 정답을 구하기가 쉬운 문제입니다.
문장 해석: 다른 사람들과 이야기할 때 너무 책에서 말하는 것처럼 딱딱하게 말한다면 그들에게 좋은 인상을 줄 수가 없을지도 모릅니다.

4. _____ using idioms, they feel a sense of closeness and belonging to one another.
   (a) In   (b) With   (c) By   (d) At

정답: (c) By
'by ~ing'는 '~ 함으로써'라는 표현입니다. 자주 쓰이므로 반드시 알아둡시다.
문장 해석: 이디엄을 사용함으로써 그들은 서로 친근감과 소속감을 느낍니다.

Basic English Talk

Part B 샘플 답변 및 해설

1. What is your favorite English idiom?
   (가장 좋아하는 영어 이디엄은 무엇입니까?)

A Sample Answer(샘플 답변)
   My favorite English idiom is 'I'm pulling your leg.' It was the first idiomatic expression that I learned when I was studying in America. 'I'm pulling your leg' is similar to phrases like 'I'm just joking' or 'I'm only kidding.'
   (제가 가장 좋아하는 영어 이디엄은 'I'm pulling your leg'입니다. 제가 미국에서 공부할 때 처음으로 배웠던 이디엄 표현입니다. 'I'm pulling your leg'는 'I'm only joking'(그냥 농담일 뿐이야) 혹은 'I'm just kidding'(단지 농담이야)과 같은 구문과 비슷한 말입니다.)

2. How often do you use English idioms?
   (얼마나 자주 영어 이디엄을 사용하십니까?)

A Sample Answer(샘플 답변)
   I know a lot of English idioms. I use English idioms whenever I talk with native speakers of English. They use a lot of idioms in their daily conversations.
   (저는 영어 이디엄을 많이 알고 있습니다. 저는 영어 모국어화자와 이야기를 할 때마다 영어 이디엄을 사용합니다. 영어 모국어화자들은 매일 일상 대화에서 많은 이디엄을 사용합니다.)

3. What are some of the good ways to learn English idioms?
   (영어 이디엄을 배울 수 있는 몇 가지 좋은 방법으로는 어떤 것이 있습니까?)

Sample Short Answers(샘플 답변)
   Person A: I think I can learn English idioms by watching American movies or dramas. I am learning a lot of idioms and slangs by watching movies.

(저는 미국영화나 드라마를 시청함으로써 영어 이디엄을 배울 수 있다고 생각합니다. 저는 영화를 봄으로써 많은 이디엄과 속어를 배우고 있습니다.)

Person B: I think the best way that we can learn English idioms is to talk with people who speak English as their native language.
(제 생각에는 영어 이디엄을 배울 수 있는 가장 좋은 방법은 영어를 모국어로 말하는 사람들과 이야기하는 것입니다.)

4. What do you think of those who always talk like a book when they speak English?
(영어로 말할 때 항상 책처럼 말하는 사람에 대해서 어떻게 생각하십니까?)

Sample Short Answer(샘플 답변)

Person A: I guess they may try to avoid using English idioms or slang expressions.
(제 생각에는 그들은 영어 이디엄이나 속어 표현 사용을 피하는 것 같습니다.)
Person B: They may sound unfriendly if they don't use any English idioms.
(영어 이디엄을 사용하지 않으면 친근하게 들리지 않을 수도 있을 것입니다.)

5. Do you think your English will improve by learning English idioms?
(영어 이디엄을 배움으로써 영어실력이 향상될 것이라고 생각하십니까?)

A Sample Answer(샘플 답변)

Sure. I definitely think that my English will improve dramatically by learning English idioms because idioms are commonly used by native speakers of English.
(물론입니다. 저는 분명히 영어 이디엄을 배움으로써 영어 실력이 상당히 향상될 것이라고 생각합니다. 왜냐하면 영어 모국어화자들은 이디엄을 일상적으로 사용하기 때문입니다.)

14. What are your priorities in getting a job?

Opinion A

Job satisfaction always comes first when I look for a job. If I am not satisfied with what I am doing, I will never be happy. Some people say that money comes first. But money alone does not make us happy. My father used to say to me, "Do what you love, and the money will follow." If I really enjoy what I am doing, I will be an expert in my field of interest and will contribute more to the society. That way, I can make the world a better place to live in. What do you think?

Opinion B

I think I should ask myself the following question. "Do I enjoy what I am doing now?" If the answer is yes, then it means that I am satisfied with my job or career. I am doing the right thing. But if the answer is no, then I should think deeply about what I am doing now. Some people look for a job that pays a lot of money. But if they are not really happy at work, they will get frustrated or stressed. This will cause emotional illness. Money alone does not bring real happiness.

Opinion C

What really matters when looking for a job is job satisfaction. If I am really happy with what I am doing, I will get less stressed. And eventually

I will be successful in my career. Therefore, I strongly believe that job satisfaction comes first. An old saying goes like this: "Choose a job you love, and you will never have to work a day in your life."

Part A: Choose the best answer to fill in the blank.

1. Job _____ always comes first when I look for a job.
   (a) satisfy   (b) satisfying   (c) satisfied   (d) satisfaction

2. If I am not _____ with what I am doing, I will never be happy.
   (a) satisfy   (b) satisfying   (c) satisfied   (d) satisfaction

3. If I am not really happy at work, I will get _____ or stressed.
   (a) frustrate   (b) frustrating   (c) frustrated   (d) frustration

4. Money alone will not make me happy. Money will follow if I enjoy _____ I am doing.
   (a) what   (b) that   (c) when   (d) while

5. If you work hard and enjoy what you are doing, you will be an expert in your field of _____.
   (a) interest   (b) interesting   (c) interested   (d) interestingly

Part B. Answer the following questions in English.

1. What are your priorities in getting a job?

2. Is there anybody around you who are really satisfied with his/her job?

3. Is it better to go to graduate school or get a job after college? Why do you think so?

4. Company A pays you a huge amount of money, but you are not really satisfied with your job. Company B pays you enough money to live a simple life, but the working environment is really great.
Which company would you like to work for? Why?

직장을 구하는데 있어서 무엇이 최우선입니까?

의견 A

저는 직장을 구할 때 직업 만족도가 항상 최우선입니다. 제가 하는 일에 만족을 하지 못한다면 저는 결코 행복하지 못할 것입니다. 어떤 사람들은 돈이 최고라고 생각합니다. 하지만 돈만 있다고 해서 행복하지는 않습니다. 저의 아버지는 저에게 "네가 좋아하는 것을 하라 그러면 돈이 따라올 것이다"라고 말씀하시곤 했습니다. 하는 일을 정말로 즐기면 관심 있는 분야에서 전문가가 될 것이며 사회에 더 많은 공헌을 하게 될 것입니다. 그렇게 함으로써 저는 세상을 좀 더 살기 좋은 곳으로 만들 수 있습니다. 어떻게 생각하세요?

의견 B

저는 다음 질문을 제 자신에게 던져보아야 할 것 같다는 생각이듭니다. "내가 지금 하고 있는 일을 즐기고 있는가?" 만약 그렇다면 그것은 제가 저의 직업에 만족하고 있다는 말입니다. 저는 옳은 일을 하고 있는 것입니다. 하지만 그렇지 않다면 지금 제가 하고 있는 일에 대해서 깊게 생각해 봐야합니다. 몇몇 사람들은 보수를 많이 주는 직장을 구합니다. 하지만 직장 생활이 그렇게 행복하지 않다면 좌절감이 들거나 스트레스를 받을 것입니다. 이것은 심리적인 병을 일으킬 것입니다. 돈만으로는 진정한 행복을 가져다주지 못합니다.

의견 C

직장을 구할 때 정말 중요한 것은 직업 만족도입니다. 하고 있는 일에 정말로 만족하고 있다면 스트레스를 덜 받을 것입니다. 그리고 결국에는 하는 일에 성공하게 될 것입니다. 그래서 저는 직업 만족이 최우선이라고 굳게 믿고 있습니다. "당신이 좋아하는 직업을 택하라 그러면 당신은 하루도 억지로 일을 해야만 하는 날은 없을 것이다"라는 오랜 속담이 있습니다.

Part A 정답 및 풀이

1. Job _____ always comes first when I look for a job.
   (a) satisfy   (b) satisfying   (c) satisfied   (d) satisfaction

   정답: (d) satisfaction
   문장의 주어가 되려면 명사가 되어야 하므로 '직업 만족도'라는 복합명사인 'job satisfaction'이 정답입니다.
   문장 해석: 제가 직장을 구할 때는 직업 만족도가 최우선입니다.

2. If I am not _____ with what I am doing, I will never be happy.
   (a) satisfy   (b) satisfying   (c) satisfied   (d) satisfaction

   정답: (c) satisfied
   'be satisfied with', 즉 '~에 만족하다'라는 영어표현을 알고 있으면 쉽게 풀 수 있는 문제입니다.
   문장 해석: 만약 제가 하고 있는 일에 만족하지 못한다면 저는 결코 행복하지 못할 것입니다.

3. If I am not really happy at work, I will get _____ or stressed.
   (a) frustrate   (b) frustrating   (c) frustrated   (d) frustration

   정답: (c) frustrated
   get + 과거분사를 묻는 문제입니다. get + 과거분사의 예로는 'get fired', 'get promoted',

'get stressed', 'get involved' 등이 있습니다.
문장 해석: 직장생활에 정말로 만족하지 못한다면 저는 좌절하거나 스트레스를 받을 것입니다.

4. Money alone will not make me happy. Money will follow if I enjoy _____ I am doing.
   (a) what   (b) that   (c) when   (d) while

정답: (a) what
what은 선행사를 포함한 관계대명사로서 'the thing(s) that(or which)'의 뜻을 가지며 해석은 '~ 하는 것'으로 합니다.
문장 해석: 돈만으로는 저에게 행복을 줄 수 없습니다. 제가 좋아하는 것을 하면 돈은 따라올 것입니다.

5. If you work hard and enjoy what you are doing, you will be an expert in your field of _____.
   (a) interest   (b) interesting   (c) interested   (d) interestingly

정답: (a) interest
'관심 분야'는 영어로 'a field of interest'라고 표현한다는 사실을 알고 있으면 풀기 쉬운 문제입니다. field는 원래 명사로 기본 개념은 '들판'입니다. 이 의미가 확장되어 '분야'라는 뜻으로도 쓰이게 되었다는 것을 알아둡시다.
문장 해석: 열심히 일하고 하는 일을 즐기면 관심 분야에서 전문가가 될 것입니다.

Part B 샘플 답변 및 해설

1. What are your priorities in getting a job?
   (직장을 구하는 데 있어서 우선순위는 무엇입니까?)

A Sample Answer(샘플 답변)
Job satisfaction always comes first. If I am not satisfied with what I am doing, I will be frustrated and will not be productive.
(직업 만족도가 항상 최우선입니다. 제가 하는 일에 만족을 하지 못하면 저는 좌절할 것이며 생산적이지 못할 것입니다.)

2. Is there anybody around you who are really satisfied with his/her job?
   (주위에 하는 일에 정말로 만족하는 사람이 있습니까?)

Sample Short Answers(샘플 답변)
Person A: A friend of mine got a job at an international trading company. He is really enjoying what he is doing. He will be transferred to a branch in Atlanta next year.
(제 친구는 국제무역회사에서 직장을 구했습니다. 그는 하는 일을 정말로 즐깁니다. 그는 내년에 Atlanta에 있는 지점으로 전근을 갈 것입니다.)
Person B: My older sister is working at an English academy. She teaches English conversation. She is happy with what she is doing.
(저의 언니는 영어학원에서 근무를 합니다. 영어회화를 가르치고 있습니다. 하는 일에 만족하고 있습니다.)

3. Is it better to go to graduate school or get a job after college? Why do you think so?
   (대학졸업 후에 대학원에 가는 것을 더 좋을까요 아니면 직장을 구하는 것이 더 좋을까요? 왜 그렇게 생각하십니까?)

A Sample Answer(샘플 답변)
I think it is a good idea to go to graduate school because I can learn more about my field of interest. If I have a master's or doctoral degree, I will have a better chance to get a decent job.
(저는 대학원에 진학하는 것이 좋은 생각이라고 봅니다. 관심 분야에 대해서 더 많은 것을

배울 수 있기 때문이죠. 만약 석사나 박사학위를 소유한다면 괜찮은 직업을 가질 더 나은 기회를 가지게 될 것입니다.)

4. Company A pays you a huge amount of money, but you are not really satisfied with your job. Company B pays you enough money to live a simple life, but the working environment is really great.
   Which company would you like to work for? Why?
   (A회사는 상당히 많은 급여를 주지만 당신은 하는 일에 만족하지 못합니다. B회사는 소박한 삶을 살 수 있을 정도의 급여를 주지만 근무환경이 아주 좋습니다. 당신은 어느 회사를 선택하시겠습니까? 왜 그렇습니까?)

   A Sample Answer(샘플 답변)
   I would like to work for company B because job satisfaction always comes first. As long as the company pays me enough money to live a simple life, I want to work in a positive work environment.
   (저는 B회사에서 일하고 싶습니다. 왜냐하면 직업 만족도가 우선이기 때문입니다. 회사가 저에게 소박한 삶을 살 수 있을 정도의 충분한 급여를 준다면 저는 긍정적인 근무환경에서 일하고 싶습니다.)

15. Smartphone Addiction

Are you addicted to your smartphone? One of the symptoms of smartphone addiction is not being able to communicate with others. Experts say that you are addicted to your smartphone if you constantly check your phone for no reason and avoid social interaction in favor of spending more time on your smartphone. Smartphone addiction is becoming a very big problem.

Statistics show that 73 percent of smartphone users wake up to phone alarms and that as much as 80 percent of people use their smartphones while on public transportation. Also, a stunning number of people use their smartphones before bedtime. Some people are so addicted to their smartphones that they do not even realize they are ignoring traffic lights or walking into a lamppost. They constantly look at their smartphone screens. This prevents them from interacting with other people.

Smartphone use can cause serious injuries or even death. A woman plunged headfirst into a fountain's pool while she was using her smartphone. A man lost his life while walking along the seashore. He was so absorbed in his smartphone that he walked right off a short ledge and fell 60 feet to his death.

Part A. Choose the best answer to fill in the blank.

1. Are you _____ to your smartphone?
   (a) addict   (b) addicts   (c) addicting   (d) addicted

2. One of the symptoms of smartphone _____ is not being able to communicate with others.
   (a) addict   (b) addicting   (c) addiction   (d) addicted

3. Some people avoid social interaction in favor of _____ more time on their smartphones.
   (a) spend   (b) spends   (c) spending   (d) spent

4. A woman plunged headfirst into a fountain's pool _____ she was using her smartphone.
   (a) if   (b) while   (c) for   (d) during

5. He was so _____ in his smartphone that he walked right off a short ledge and fell 60 feet to his death.
   (a) absorb   (b) absorbs   (c) absorbing   (d) absorbed

Part B. Answer the following questions in English.

1. How often do you use your smartphone?

2. Do you always carry your smartphone with you?

3. What do you usually do with your smartphone?

4. What are some of the advantages of using smartphones?

5. What are some of the disadvantages of using smartphones?

6. Do you think you are addicted to your smartphone?

스마트폰 중독

여러분은 스마트폰에 중독이 되어있나요? 스마트폰 중독의 증상 중 하나는 다른 사람들과 의사소통을 할 수가 없다는 것입니다. 전문가들은 만약 여러분들이 아무 이유 없이 휴대전화를 계속해서 보거나 스마트폰을 사용하면서 더 많은 시간을 보내기 위해서 사회적 상호작용을 회피한다면 스마트폰에 중독이 된 것이라고 말합니다. 스마트폰 중독은 매우 큰 문제가 되고 있습니다.

통계에 따르면 스마트폰 사용자의 73퍼센트가 스마트폰 알람소리에 잠을 깨며, 80퍼센트의 사람들이 대중교통수단을 이용하는 중에 스마트폰을 사용한다고 합니다. 또한, 수많은 사람이 잠들기 전에 스마트폰을 사용합니다. 몇몇 사람들은 스마트폰에 너무 중독된 나머지 자신들이 교통신호를 무시하고 있거나 가로등 기둥을 향해 걸어가고 있다는 사실을 깨닫지 못합니다. 그들은 끊임없이 그들의 스마트폰 스크린을 봅니다. 이것은 그들이 다른 사람들과 상호작용을 하는 것을 방해합니다.

스마트폰 사용은 심각한 상해나 심지어 사망까지 일으킵니다. 어떤 여성분은 스마트폰을 사용하는 중에 분수의 연못에 곤두박질해서 빠졌습니다. 어떤 남성분은 바닷가를 걷다가 목숨을 잃었습니다. 그는 스마트폰에 너무나 열중한 나머지 짧게 튀어나온 암벽의 선반처럼 평평한 부분 쪽으로 걸어가다가 60피트의 낭떠러지로 떨어져서 목숨을 잃었습니다.

Part A 정답 및 풀이 ─────────────────────────

1. Are you _____ to your smartphone?
   (a) addict   (b) addicts   (c) addicting   (d) addicted

정답: (d) addicted
'~에 중독이 되다'라는 표현은 영어로 'be addicted to ~'로 표현합니다. 예를 들어서, '담배에 중독되다'는 영어로 'be addicted to smoking'이라고 하며, '술에 중독되다'는 영어로 'be addicted to drinking'이라고 합니다.
문장 해석: 여러분은 스마트폰에 중독이 되어있나요?

2. One of the symptoms of smartphone _____ is not being able to communicate with others.
   (a) addict   (b) addicting   (c) addiction   (d) addicted

정답: (c) addiction
'스마트폰 중독'은 영어로 'smartphone addiction'이라고 합니다. 따라서 명사형인 addiction이 정답입니다.
문장 해석: 스마트폰 중독의 증상 중 하나는 다른 사람들과 의사소통할 수가 없다는 것입니다.

3. Some people avoid social interaction in favor of _____ more time on their smartphones.
   (a) spend   (b) spends   (c) spending   (d) spent

정답: (c) spending
'in favor of ~ '는 '~을 위해서' 혹은 '~의 이익이 되도록'이라는 뜻입니다. 그리고 여기서 of는 전치사입니다. 전치사는 목적어로 명사나 동명사를 취할 수 있습니다. 본문에서는 'more time on their smartphones'라는 목적어를 취할 수 있는 동명사가 필요합니다. 동명사는 동사의 성질을 그대로 지니고 있기 때문에 목적어를 취할 수가 있습니다. 따라서, spending이 정답입니다.
문장 해석: 몇몇 사람은 스마트폰을 사용하면서 더 많은 시간을 보내기 위해서 사회적 상호작용을 회피합니다.

4. A woman plunged headfirst into a fountain's pool _____ she was using her smartphone.
   (a) if   (b) while   (c) for   (d) during

정답: (b) while
'그녀가 스마트폰을 사용하고 있는 중에'라는 표현이 필요하므로 정답은 while입니다.
문장 해석: 어떤 여성분은 스마트폰을 사용하는 중에 분수의 연못에 곤두박질해서 빠졌습니다.

5. He was so _____ in his smartphone that he walked right off a short ledge and fell 60 feet to his death.
   (a) absorb   (b) absorbs   (c) absorbing   (d) absorbed

정답: (d) absorbed
'so ~ that ...'이라는 구문을 묻는 문제입니다. 'so ~ that ...'은 '너무 ~해서 ...하다'라는 뜻으로 자주 쓰이고 있으니 반드시 알아두어야 합니다. 문장에 들어갈 알맞은 말은 '몰두한' 혹은 '열중한'이라는 뜻을 지닌 'absorbed'입니다.
문장 해석: 그는 스마트폰에 너무 열중한 나머지 짧게 튀어나온 암벽의 선반처럼 평평한 부분 쪽으로 걸어가다가 60피트의 낭떠러지로 떨어져서 목숨을 잃었습니다.

Part B 샘플 답변 및 해설

1. How often do you use your smartphone?
   (얼마나 자주 스마트폰을 사용합니까?)

   Sample Short Answers(샘플 답변)
   Person A: I use my smartphone everyday. Everybody is using a smartphone these days. People use smartphones not only to talk to other people on the phone but also to surf the Internet. They also play online games and record videos using their smartphones.

(저는 매일 스마트폰을 사용합니다. 요즘에는 모든 사람들이 스마트폰을 사용하고 있습니다. 사람들은 전화로 상대방과 이야기하기 위해서 뿐만 아니라 인터넷을 검색하기 위해서 스마트폰을 사용합니다. 또한, 그들은 스마트폰으로 게임을 하고 동영상 녹화도 합니다.)

Person B: I don't use my smartphone as often as I used to. I spend more time interacting with other people these days. I use my smartphone when I make and receive calls and when I need to send and receive text messages.
(저는 예전만큼 스마트폰을 자주 사용하지는 않습니다. 저는 요즘 다른 사람들과 교류하는 데 더 많은 시간을 보냅니다. 저는 전화를 걸고 받기 위해서 그리고 문자메시지를 보내고 답장을 받을 필요가 있을 때 스마트폰을 사용합니다.)

2. Do you always carry your smartphone with you?
   (항상 스마트폰을 휴대하고 있습니까?)

Sample Short Answers(샘플 답변)

Person A: Yes, I always carry my smartphone with me because I can do almost anything with it. I use my smartphone to take online lectures these days.
(그렇습니다. 저는 항상 스마트폰을 휴대합니다. 왜냐하면 스마트폰으로 거의 모든 것을 할 수 있기 때문입니다. 요즘에는 온라인수업을 수강하기 위해서 스마트폰을 사용합니다.)

Person B: I carry my smartphone with me all the time. I can't live without a smartphone. I always chat with my friends on kakaotalk.
(저는 항상 스마트폰을 가지고 다닙니다. 스마트폰 없이는 살 수가 없습니다. 저는 항상 카카오톡으로 친구들과 이야기를 나눕니다.)

Person C: I sometimes leave my smartphone at home. I don't carry my smartphone with me when I go to the fitness center.
(저는 때때로 저의 집에 스마트폰을 두고 나옵니다. 헬스장에 갈 때는 스마트폰을 가지고 가지 않습니다.)

3. What do you usually do with your smartphone?
   (스마트폰으로 주로 무엇을 하십니까?)

   Sample Short Answers(샘플 답변)
   Person A: I usually search the Internet. I also take pictures or record videos using my smartphone. I can even play online games or watch movies.
   (저는 주로 인터넷 검색을 합니다. 그리고 또 스마트폰으로 사진을 찍거나 동영상 촬영을 합니다. 스마트폰으로 온라인게임을 하거나 영화도 볼 수가 있습니다.)
   Person B: I use my smartphone to take selfies and to do some google search. I sometimes read newspapers or watch YouTube videos on my smartphone.
   (저는 셀카를 찍고 구글검색을 하기 위해서 스마트폰을 사용합니다. 때때로 스마트폰으로 신문을 읽거나 유튜브 영상을 봅니다.)

4. What are some of the advantages of using smartphones?
   (스마트폰 사용의 장점으로는 어떤 것이 있습니까?)

   Sample Short Answers(샘플 답변)
   Person A: I can always talk to my friends on the phone at any time and in any places. I can upload pictures or video clips on my social media accounts. And I can have access to all kinds of information.
   (저는 항상 언제 그리고 어디서든지 스마트폰으로 친구들과 이야기를 할 수가 있습니다. 소셜 미디어 계정에 사진이나 짧게 녹화된 동영상을 올릴 수 있으며, 모든 정보를 액세스 할 수가 있습니다.)
   Person B: I can send pictures and video clips to my friends. I can listen to music and use it as a calendar, alarm, and GPS tracker.
   (사진과 비디오 클립을 친구들에게 보낼 수 있습니다. 음악을 감상할 수 있으며 달력, 알람, 그리고 GPS추적기로 사용할 수가 있습니다.)

5. What are some of the disadvantages of using smartphones?
   (스마트폰 사용의 단점으로는 어떤 것이 있습니까?)

   Sample Short Answers(샘플 답변)

   Person A: If you use your smartphone all the time, you may not have enough time to interact with other people. You may lose track of time while surfing the Internet or playing online games.
   (항상 스마트폰을 사용하면 다른 사람들과 교류할 시간이 충분하지 않을 수가 있습니다. 인터넷 검색이나 온라인게임을 하느라 시간 가는 줄 모를 수가 있습니다.)

   Person B: Some people get into car accidents and lose their lives while taking selfies. That's why I never use my smartphone when I am behind the wheel.
   (몇몇 사람들은 셀카를 찍는 동안 자동차 사고가 나서 목숨을 잃습니다. 그래서 저는 운전할 때는 절대로 스마트폰을 사용하지 않습니다.)

   Person C: I can't use my smartphone all the time. I need to put my phone away when I am in class. I should put my phone on silent mode when I am in a movie theater.
   (항상 스마트폰을 사용할 수는 없습니다. 수업 중에는 스마트폰을 다른 곳에 치워 둘 필요가 있습니다. 극장에서 영화를 관람할 때는 스마트폰을 무음모드로 해두어야 합니다.)

   Person D: If I stay up late at night using my smartphone, I may suffer from sleep deprivation. Also, interesting games and social media contents can lead to smartphone overuse and addiction.
   (밤늦게까지 잠을 자지 않고 스마트폰을 하면 수면 부족 증상을 겪을 수가 있습니다. 또한, 재미있는 게임과 소셜 미디어 콘텐츠는 과도한 스마트폰 사용과 스마트폰 중독을 초래할 수 있습니다.)

6. Do you think you are addicted to your smartphone?
   (당신은 스마트폰에 중독이 되었다고 생각하십니까?)

Sample Short Answers(샘플 답변)

Person A: Yes, I think I am addicted to my smartphone. I always look at my smartphone screen. I constantly talk to my friends on the phone and exchange text messages with them.
(그렇습니다. 저는 스마트폰에 중독이 되었다고 생각합니다. 저는 항상 스마트폰 화면을 들여다봅니다. 쉬지 않고 끊임없이 친구들과 이야기하고 텍스트 문자를 주고받습니다.)

Person B: I guess I am kind of addicted to my martphone because I feel anxious without it. I can't go to the bathroom without bringing my phone. And I can't leave home without it. I just hate being out of touch with my friends.
(저는 스마트폰이 없으면 불안해지기 때문에 어느 정도 중독이 되었다고 봅니다. 화장실에 갈 때도 항상 스마트폰을 가지고 가며 집을 나설 때도 스마트폰을 가지고 갑니다. 친구들과 연락이 되지 않는 것을 정말 싫어합니다.)

Person C: I don't think I am addicted to my smartphone. I use my smartphone only when I need it. I try not to use my smartphone unless it is necessary. Once you get addicted to your smartphone, it is hard for you to break the bad habit.
(저는 스마트폰에 중독이 되지 않았다고 생각합니다. 저는 필요할 때만 스마트폰을 사용합니다. 반드시 필요하지 않을 경우에는 사용하지 않으려고 노력합니다. 일단 스마트폰에 중독이 되면 나쁜 습관에서 벗어나기가 어렵습니다.)

16. Do you believe in life after death?

Are you so young and healthy that you think you may live forever? Don't be so conceited. You never know what is going to happen to you. Your heart may stop beating all of a sudden. This happens to the young as well as the old. Two of my friends already died of heart attack in their twenties. You may get into a car accident and have to leave your loved ones earlier than you expected. Your doctor may tell you that you have terminal cancer and cannot live longer than six months.

Death is lurking everywhere looking for its prey. Nobody is promised to live tomorrow. Death is unavoidable. It may be staring right at your nose as I'm speaking to you. It gives you the creeps, doesn't it? But don't be so scared. We still have time to find out where we came from and where we are going. I know the answer. If you want to hear about it, I'm always ready.

Part A. Choose the best answer to fill in the blank.

1. Are you _____ young and healthy that you think you may live forever?
   (a) so   (b) very   (c) too   (d) most

2. Your heart may stop _____ all of a sudden.
   (a) beat   (b) beats   (c) beating   (d) to beat

3. Two of my friends already _____ of heart attack in their twenties.
   (a) die   (b) dies   (c) to die   (d) died

4. Death is lurking everywhere _____ for its prey.
   (a) look   (b) looks   (c) looking   (d) looked

5. Nobody is _____ to live tomorrow.
   (a) promise   (b) promises   (c) promising   (d) promised

Part B. Rewrite the underlined word or phrase correctly.

1. You never know <u>that</u> is going to happen to you.

2. This <u>happen</u> to the young as well as the old.

3. You may get into a car accident and have to leave your <u>love</u> ones earlier than you expected.

4. You may have terminal cancer and cannot live <u>long</u> than six months.

Part C. Answer the following questions in English.

1. If you were to die tonight, what would you do?

2. Are you scared of death?

3. Do you think you can take money with you when you die?

4. Name one thing that you really want to take with you when you leave this world.

5. If you had an incurable disease, what would you do?

6. Name three things you really want to do before you die.

7. Do you think there's life after death?

8. Who do you think created the world? Why do you think so?

죽음 이후에 삶이 있다고 믿습니까?

여러분은 너무나도 젊고 건강해서 영원히 살지도 모른다고 생각하십니까? 너무 자만하지 마십시오. 어떤 일이 여러분들에게 일어날지 모릅니다. 갑자기 심장이 멈출 수도 있습니다. 이것은 나이가 든 사람뿐만 아니라 젊은 사람에게도 생길 수 있습니다. 저의 친구 중 2명이 벌써 20대의 나이에 심장마비로 목숨을 잃었습니다. 자동차 사고로 예상했던 것보다 더 일찍 사랑하는 사람들과 이별할 수도 있습니다. 병원에서 말기 암에 걸려 6개월 이상 살 수 없다는 말을 들을 수도 있습니다.

죽음은 먹잇감을 찾아 모든 곳에 숨어 있습니다. 내일 살 수 있다고 보장된 사람은 아무도 없습니다. 죽음은 피할 수 없습니다. 제가 지금 말하는 순간 죽음이 여러분을 똑바로 주시하고 있을지도 모릅니다. 소름이 끼치지 않습니까? 하지만 너무 무서워하지 마십시오. 우리는 우리가 어디서 왔으며 그리고 어디로 가는지 알아볼 시간이 아직 남아 있습니다. 저는 그 답을 알고 있습니다. 그 답을 듣고 싶다면 저는 항상 준비가 되어 있습니다.

Part A 정답 및 풀이

1. Are you _____ young and healthy that you think you may live forever?
   (a) so   (b) very   (c) too   (d) most

정답: (a) so
'so ~ that ...'은 '너무 ~ 해서 ...하다'라고 이해하면 됩니다.

문장 해석: 여러분은 너무나도 젊고 건강해서 영원히 살지도 모른다고 생각하십니까?

2. Your heart may stop _____ all of a sudden.
   (a) beat   (b) beats   (c) beating   (d) to beat

정답: (c) beating

영어동사 stop은 to부정사와 동명사 모두를 목적어로 취하지만 여기서는 의미상 동명사를 목적어로 취하고 있습니다. to부정사를 목적어로 취할 경우 '~ 하기 위해 멈추다'라는 의미로 쓰이며 동명사를 목적어로 취할 경우 '~ 하는 것을 멈추다'라는 뜻으로 쓰입니다.

문장 해석: 여러분의 심장이 갑자기 멈출 수도 있습니다.

3. Two of my friends already _____ of heart attack in their twenties.
   (a) die   (b) dies   (c) to die   (d) died

정답: (d) died

in their twenties 즉 20대에 이미 일어난 일에 대해서 말하고 있으므로 시제는 과거입니다. '심장마비로 세상을 떠나다'라는 표현은 영어로 'die of heart attack'이라고 한다는 것을 알면 쉽게 풀 수 있는 문제입니다.

문장 해석: 저의 친구 중 2명이 벌써 20대의 나이에 심장마비로 목숨을 잃었습니다.

4. Death is lurking everywhere _____ for its prey.
   (a) look   (b) looks   (c) looking   (d) looked

정답: (c) looking

'looking for its prey'는 '먹잇감을 찾으면서'라는 의미입니다.

문장 해석: 죽음은 먹잇감을 찾아 모든 곳에 숨어 있습니다.

5. Nobody is _____ to live tomorrow.

(a) promise　　　(b) promises　　　(c) promising　　　(d) promised

정답: (d) promised
'to 이하 하게끔 약속이 되어진'이라는 수동의 의미로 쓰인 문장입니다. 따라서 be동사인 is 다음에 동사의 과거분사인 promised가 와야 합니다.
문장 해석: 내일 살 수 있다고 보장된 사람은 아무도 없습니다.

Part B 정답 및 풀이

1. You never know <u>that</u> is going to happen to you.

정답: that → what
관계대명사 what은 the thing that(or which)와 같습니다. 따라서 'You never know the thing that is going to happen to you.'는 'You never know what is going to happen to you.'와 같은 의미입니다.
문장 해석: 여러분은 무슨 일이 여러분에게 일어날지 결코 알지 못합니다.

2. This <u>happen</u> to the young as well as the old.

정답: happen → happens
문장의 주어는 This이며 시제는 현재입니다. 따라서 주어가 3인칭 단수이며 시제가 현재일 때 알맞은 동사의 형태는 동사원형에 s나 es를 붙이는 것입니다.
문장 해석: 이것은 나이가 든 사람뿐만 아니라 젊은 사람에게도 생길 수 있습니다.

3. You may get into a car accident and have to leave your <u>love</u> ones earlier than you expected.

정답: love → loved
'loved ones'는 '사랑하는 사람', '가족', 또는 '연인'이라는 뜻으로 쓰입니다.

문장 해석: 여러분은 자동차 사고로 예상했던 것보다 더 일찍 사랑하는 사람들과 이별을 할 수도 있습니다.

4. You may have terminal cancer and cannot live <u>long</u> than six months.

정답: long → longer
'비교급 + than'이라는 구문을 알면 쉽게 풀 수 있는 문제입니다.
문장 해석: 여러분은 말기 암에 걸려 6개월 이상 살 수 없을지도 모릅니다.

Part C 샘플 답변 및 해설

1. If you were to die tonight, what would you do?
   (만약 오는 밤에 세상을 떠난다면 무엇을 할 것입니까?)

   Sample Short Answers(샘플 답변)
   Person A: If I were to die tonight, I would spend all the money that I have saved. When you die, you can't take anything with you.
   (만약 오늘 밤에 세상을 떠난다면 저는 모아 놓은 돈을 다 쓸 것입니다. 세상을 떠날 때는 아무것도 가지고 갈 수가 없습니다.)
   Person B: If today were the last day of my life, I would donate all the money to charity. There are lots of people who are in desperate need. I would like to spend my money in a more meaningful way.
   (만약 오늘이 제 인생의 마지막 날이라면 저는 모든 돈을 자선단체에 기부할 것입니다. 도움이 절실히 필요한 사람들이 많이 있습니다. 저는 저의 돈을 더 의미 있는 방식으로 쓰고 싶습니다.)

2. Are you scared of death?
   (죽음을 두려워하십니까?)

Sample Short Answers(샘플 답변)

Person A: Yes, I am. I guess everybody is scared of death. Do you know what is going to happen to you when you die?
(예, 그렇습니다. 제 생각에는 모든 사람이 죽음을 두려워할 것 같습니다. 당신은 당신이 세상을 떠날 때 어떤 일이 일어나는지 알고 있습니까?)

Person B: No, not really. I firmly believe that there is life after death. If you give me some time, I can prove it.
(아뇨, 꼭 그렇지는 않습니다. 저는 죽음 다음에 삶이 있다고 굳게 믿고 있습니다. 저에게 시간을 좀 내주시면 증명해 드리겠습니다.)

3. Do you think you can take money with you when you die?
(세상을 떠날 때 돈을 가지고 갈수 있다고 생각하십니까?)

A Sample Answer(샘플 답변)

No, I don't. I can't take anything with me when I die. But some people believe that they can take some money with them when they die. They think that they can spend their money on their way to the other side of the world.
(아뇨, 그렇지 않습니다. 저는 세상을 떠날 때 아무것도 가지고 갈 수 없습니다. 하지만 몇몇 사람들은 세상을 떠날 때 돈을 가지고 갈 수 있다고 믿고 있습니다. 그들은 저승으로 가는 길에 그들의 돈을 쓸 수 있다고 믿고 있습니다.)

4. Name one thing that you really want to take with you when you leave this world.
(세상을 떠날 때 정말 가지고 가고 싶은 것 한 가지가 있다면 말씀해보세요.)

A Sample Answer(샘플 답변)

I don't think I can take anything with me when I die. But, if possible, I would like to take the family photo album with me when I die.
(저는 세상을 떠날 때 아무것도 가지고 갈 수 없다고 생각합니다. 하지만 가능하다면, 저는 가족사진앨범을 가지고 가고 싶습니다.)

5. If you had an incurable disease, what would you do?
   (불치병을 앓고 있다면 어떻게 하시겠습니까?)

   Sample Short Answers(샘플 답변)
   Person A: If I had an incurable disease, I would not give up looking for a cure for my disease.
   (제가 만약 불치병이 있다면 저는 치료제를 찾는 것을 포기하지 않을 것입니다.)
   Person B: If I had an incurable disease, I would appear on TV and ask for help. There must be some way to find a cure for my disease.
   (제가 만약 불치병이 있다면 저는 텔레비전에 나와서 도움을 요청할 것입니다. 분명히 저의 병을 고칠 수 있는 치료제를 찾을 수 있는 방법이 있을 것입니다.)

6. Name three things you really want to do before you die.
   (세상을 떠나기 전에 정말로 하고 싶은 일 세 가지를 말해보세요.)

   A Sample Answer(샘플 답변)
   The first thing that I really want to do is to buy a fancy sports car and drive around the world. I also want to take a cruise to famous resort islands. And I want to star in a movie or appear on TV shows.
   (맨 먼저 제가 정말로 하고 싶은 것은 멋진 스포츠카를 사서 전 세계를 여행하는 것입니다. 유명한 휴양지 섬으로 유람선 여행도 하고 싶습니다. 그리고 영화에 주연으로 나오거나 텔레비전 쇼에 나오고 싶습니다.)

7. Do you think there's life after death?
   (죽음 다음에 삶이 있다고 생각하십니까?)

   Sample Short Answers(샘플 답변)
   Person A: Yes, I definitely think there is life after death. One of the reasons people have religions is that they believe that there must be something after death.
   (그렇습니다. 저는 분명히 죽음 뒤에 삶이 있다고 생각합니다. 사람들이 종교를

가지는 이유 중의 하나는 죽음 후에 무엇인가가 반드시 있다고 믿기 때문입니다.)

Person B: I don't think there is life after death. I think we just disappear after we die.
(저는 죽음 후에 삶이 있다고 생각하지 않습니다. 저는 사람이 죽으면 그냥 사라진다고 생각합니다.)

8. Who do you think created the world? Why do you think so?
(누가 이 세상을 만들었다고 생각하십니까? 왜 그렇게 생각하십니까?)

A Sample Answer(샘플 답변)

I don't think the world and everything in it came into existence out of nothing. There must be a supernatural being who created all the things.
(저는 이 세상과 세상에 있는 모든 것이 아무것도 없는 것에서 생겨나지는 않았다고 봅니다. 이 모든 것을 창조한 초자연적인 존재가 분명히 있을 것입니다.)

17. What do you think about Dutch treat?

Opinion A

It is common for people to go Dutch these days. 'Going Dutch' means that each person pays for their own food and activities. It has become quite common not only in the US but also in other parts of the world. But if I like someone, I am willing to treat them to lunch, coffee, or whatever they like to have.

Opinion B

When dating, men almost always pay the entire bill on the first date. And they are usually expected to pay more for the subsequent dates. But I think this is unfair because women earn as much money as men do. It is always a good idea to take turns treating each other or split the bill evenly. It is fair to go Dutch.

Opinion C

I usually go Dutch when I eat out with my friends. I feel less burdened because I don't have to pay for others. When I invite someone to dinner, I think I should be the one who pays for it. But if I get invited, I expect the inviter to pick up the tab. In Korea, when company workers have dinner after work, those who are older or higher in position are usually expected to take care of the bill.

Part A. Choose the best answer to fill in the blank.

1. It has become quite common not only in the US _____ also in other parts of the world.
   (a) and   (b) but   (c) or   (d) so

2. I am willing to treat her _____ lunch, coffee or whatever she likes to have.
   (a) for   (b) at   (c) to   (d) on

3. When dating, men are usually _____ to pay more for the first date.
   (a) expect   (b) expecting   (c) to expect (d) expected

4. I think this is unfair because women earn as much money _____ men do.
   (a) as   (b) for   (c) that   (d) what

5. It is always a good idea _____ turns treating each other or split the bill evenly.
   (a) take   (b) takes   (c) to take   (d) taking

6. I usually _____ Dutch when I eat out with my friends.
   (a) go   (b) take   (c) get   (d) have

7. I feel less _____ because I don't have to pay for others.
   (a) burden   (b) burdening   (c) to burden (d) burdened

8. When I invite someone to dinner, I think I should be the one who _____ for it.

(a) pay   (b) pays   (c) paying   (d) paid

9. If I get invited, I expect the inviter _____ up the tab.
   (a) pick   (b) picks   (c) picking   (d) to pick

10. In Korea, those who are older or higher in position are usually expected _____ care of the bill.
    (a) take   (b) takes   (c) taking   (d) to take

Part B. Answer the following questions in English.

1. When you eat out with other people, do you pay for others or divide the bill?

2. Who do you think should pay for a date?

3. Do you think someone who is older or higher in position should always take care of the bill?

4. If someone gets into the habit of talking their way out of paying for their food, what would you do?

각자 몫을 부담하는 데 대해서 어떻게 생각하십니까?

의견 A

요즈음 각자가 자기 몫을 지불하는 것은 흔한 일입니다. 'Going Dutch'라는 말은 먹은 음식과 참여한 활동에 대한 비용을 각자가 부담한다는 것을 의미합니다. 그것은 미국에서뿐만 아니라 다른 나라에서도 흔한 일이 되었습니다. 하지만 제가 누군가를 좋아한다면 저는 기꺼이 그 사람에게 점심이나 커피 혹은 무엇이든 먹고 싶은 것을 대접할 것입니다.

의견 B

데이트할 때는 거의 대부분 남자가 최초의 모든 데이트 비용을 부담합니다. 그리고 그 후에 지속되는 데이트의 비용 중 더 많은 부분을 지불하는 것으로 대개 예상이 됩니다. 하지만 제 생각에는 이것은 불공평하다고 봅니다. 왜냐하면 여성분들도 남성분들만큼 돈을 벌기 때문입니다. 서로 번갈아 가면서 데이트 비용을 부담하거나 데이트 비용을 공평하게 나누는 것이 좋다고 봅니다. 각자가 자기 몫을 부담하는 것이 공평합니다.

의견 C

저는 대개 친구들과 외식할 때 제 식사비는 제가 부담합니다. 다른 사람의 비용을 지불하지 않아도 되니까 덜 부담스럽습니다. 제가 누군가를 저녁식사에 초대한다면 제가 그 값을 지불해야 된다고 생각합니다. 하지만 만약 제가 초대를 받는다면 저는 초대하는 사람이 비용을 부담해야 된다고 봅니다. 한국에서는 직장인들이 근무를 마친 후에 저녁식사를 할 때 대개 나이가 더 많거나 직책이 더 높은 사람들이 비용을 부담하는 것으로 예상됩니다.

Part A 정답 및 풀이

1. It has become quite common not only in the US _____ also in other parts of the world.
   (a) and　　　(b) but　　　(c) or　　　(d) so

   정답: (b) but
   'not only A but also B'는 'A뿐만 아니라 B도 역시'라는 뜻으로 쓰인다는 것을 알면 쉽게 풀 수 있는 문제입니다.
   문장 해석: 그것은 미국에서뿐만 아니라 다른 나라에서도 흔한 일이 되었습니다.

2. I am willing to treat her _____ lunch, coffee or whatever she likes to have.
   (a) for　　　(b) at　　　(c) to　　　(d) on

   정답: (c) to
   '누군가에게 점심을 대접하다'는 영어로 'treat someone to lunch'라고 합니다.
   문장 해석: 저는 그녀에게 점심이나 커피 혹은 그녀가 먹고 싶은 것은 무엇이든지 기꺼이 대접하고자 합니다.

3. When dating, men are usually _____ to pay more for the first date.
   (a) expect　　(b) expecting　　(c) to expect　　(d) expected

   정답: (d) expected
   'be expected to ~'는 '~ 할 것으로 예상(기대)되다'라는 뜻입니다.

문장 해석: 데이트를 할 때는 주로 남자가 최초의 데이트 비용 중 더 많은 부분을 부담하는 것으로 예상이 됩니다.

4. I think this is unfair because women earn as much money _____ men do.
   (a) as   (b) for   (c) that   (d) what

정답: (a) as
'as + 형용사나 부사의 원급 + as ...'는 '... 만큼 ~ 한'이라는 뜻으로 비교의 대상이 되는 두 주체가 동등한 상태를 말합니다.
문장 해석: 하지만 제 생각에는 여성분들도 남성분들만큼 돈을 벌기 때문에 이것은 불공평하다고 봅니다.

5. It is always a good idea _____ turns treating each other or split the bill evenly.
   (a) take   (b) takes   (c) to take   (d) taking

정답: (c) to take
영어는 우리말과 다르게 주어가 긴 것을 싫어하는 경향이 있습니다. 그래서 주어자리에 to부정사사가 와서 문장이 길어질 경우에는 주어자리 대신에 가주어 it을 쓰고 to부정사를 문장 뒤로 보내는 것입니다. 주어 대신에 쓰는 it을 '가주어'라고 부르며, 문장 뒤로 가는 to부정사를 '진주어'라고 합니다. To take turns treating each other or split the bill evenly is always a good idea.라는 문장에서 To take turns ~ evenly가 주어로서 상당히 깁니다. 따라서 주어 대신에 가주어 it을 대신 쓴 후 to take turns ~ evenly인 진주어를 뒤로 보내어 It is always a good idea to take turns treating each other or split the bill evenly.라고 한 것입니다.
문장 해석: 서로 번갈아 가면서 데이트 비용을 부담하거나 데이트 비용을 공평하게 나누는 것이 좋다고 봅니다.

6. I usually _____ Dutch when I eat out with my friends.
   (a) go   (b) take   (c) get   (d) have

정답: (a) go
'각자가 자기 몫을 지불하다'를 영어로 'go Dutch'라고 하기도 합니다.
문장 해석: 저는 대개 친구들과 외식할 때 제 식사비는 제가 부담합니다.

7. I feel less _____ because I don't have to pay for others.
   (a) burden   (b) burdening   (c) to burden   (d) burdened

정답: (d) burdened
feel을 포함한 오감동사(look, sound, smell, taste) 다음에는 형용사가 옵니다. 'burdened'는 '부담스러운'이라는 형용사입니다. 'feel burdened'는 '부담감을 느끼다'라는 뜻입니다.
문장 해석: 다른 사람의 비용을 지불하지 않아도 되니까 덜 부담스럽습니다.

8. When I invite someone to dinner, I think I should be the one who _____ for it.
   (a) pay   (b) pays   (c) paying   (d) paid

정답: (b) pays
주격 관계대명사 who의 선행사가 the one이므로 주격 관계대명사 다음에 오는 동사는 선행사의 인칭과 수에 일치해야 합니다. 선행사가 3인칭 단수이며 시제는 현재이므로 pays가 정답입니다.
문장 해석: 제가 누군가를 저녁식사에 초대한다면 제가 그 값을 지불해야 된다고 생각합니다.

9. If I get invited, I expect the inviter _____ up the tab.
   (a) pick   (b) picks   (c) picking   (d) to pick

정답: (d) to pick

'expect + 사람 to ~'는 '사람이 ~ 할 것이라고 생각하다(예상하다, 기대하다)'라는 표현입니다. 'pick up the tab'은 '계산하다'라는 뜻이며 이와 유사한 표현으로는 'take care of the bill'입니다.

문장 해석: 만약 제가 초대를 받는다면 저는 초대하는 사람이 비용을 부담해야 된다고 봅니다.

10. In Korea, those who are older or higher in position are usually expected _____ care of the bill.
    (a) take   (b) takes   (c) taking   (d) to take

정답: (d) to take

'be expected to'는 '~하기로 예상되다(기대되다)'라는 뜻입니다.

문장 해석: 한국에서는 대개 나이가 더 많거나 직책이 더 높은 사람들이 비용을 부담하는 것으로 예상됩니다.

Part B 샘플 답변 및 해설

1. When you eat out with other people, do you pay for others or divide the bill?
(다른 사람들과 함께 식사할 때 다른 사람의 비용도 지불합니까 아니면 각자가 비용을 부담합니까?)

Sample Answers(샘플 답변)

Person A: I sometimes pay for my friends when I have a lot of money to spend.
(저는 쓸 돈이 많으면 때때로 친구들의 비용을 부담합니다.)
Person B: We always take turns paying for one another.
(우리는 항상 서로 번갈아가며 비용을 지불합니다.)

2. Who do you think should pay for a date?

(데이트 비용은 누가 지불해야 된다고 생각합니까?)

A Sample Answer(샘플 답변)

I think men are expected to pay for the first date. But I guess it is always a good idea to take turns paying for the date or split the bill as they get closer to each other.

(제 생각에는 남자가 첫 데이트 때 비용을 부담해야 된다고 봅니다. 하지만 서로 가까워짐에 따라 번갈아 가면서 데이트 비용을 부담하거나 각자가 부담하는 것이 항상 좋다고 생각합니다.)

3. Do you think someone who is older or higher in position should always take care of the bill?

(나이가 더 많은 사람 혹은 지위가 더 높은 사람이 항상 비용을 지불해야 한다고 생각하십니까?)

A Sample Answer(샘플 답변)

No, I don't think so. They should not feel obligated to pay for everything for others. What if they feel financially burdened? I think they can ask others if they are willing to share the cost.

(아니요, 그렇게 생각하지 않습니다. 그분들이 다른 사람들의 모든 비용을 전부 부담해야 할 의무감을 느낄 필요는 없습니다. 만약 그분들이 경제적으로 부담이 된다면 어떻겠습니까? 제 생각에는 그분들이 다른 사람들에게 기꺼이 비용을 분담할 것인지를 물어볼 수 있다고 봅니다.)

4. If someone gets into the habit of talking their way out of paying for their food, what would you do?

(누군가가 습관적으로 자기가 먹은 음식값을 내지 않는다면 어떻게 하겠습니까?)

A Sample Answer(샘플 답변)

I would cordially ask them to pay for their own meal next time. And I would suggest others to split the bill evenly so that nobody can complain about paying the bill.
(저는 그 사람에게 다음번에는 식사값을 내라고 정중하게 말할 것입니다. 그리고 식사값을 지불하는 데 대해서 아무도 불평하지 못하도록 하기 위해서 식사값을 공평하게 부담하자고 다른 사람들에게 제안할 것입니다.)

18. Ways to come up with new ideas

People who have artistic skills and talents are creative. They usually spend a long time trying to come up with new ideas or concepts. For example, they sometimes walk around the neighborhood or, if they have enough time, hike up the mountains and observe the beauty of nature. According to neuroscientists, our brain works better when we actively engage in outdoor activities such as biking, jogging, running, or swimming.

Well-known and respected people do extensive reading to learn more from other famous public figures. They also read newspapers to keep pace with the times. They are open-minded and are willing to learn from their mistakes. They embrace other people's opinions and humbly accept others' criticisms. They carry a pen and pad to jot down new ideas.

It is also very important for us to stay both physically and mentally healthy. Eating proper meals will help improve our concentration. We should avoid excessive drinking. Smoking is not recommended because it damages brain cells.

Part A: Choose the best answer to fill in the blank.

1. People who have artistic skills and talents are _____.
   (a) create   (b) creative   (c) creating   (d) created

2. They usually spend a long time _____ to come up with new ideas or concepts.
   (a) try   (b) tries   (c) trying   (d) tried

3. They hike up the mountains and _____ the beauty of nature.
   (a) observe   (b) observing   (c) observed   (d) to observe

4. Our brain works better when we _____ engage in outdoor activities
   (a) active   (b) actively   (c) acting   (d) activity

5. Well-known and _____ people do extensive reading to learn more from other famous public figures.
   (a) respect   (b) respects   (c) respecting   (d) respected

6. They also read newspapers to keep pace _____ the times.
   (a) of   (b) for   (c) at   (d) with

7. They are open-_____ and are willing to learn from their mistakes.
   (a) mind   (b) minds   (c) minding   (d) minded

8. Eating proper meals will help _____ our concentration.
   (a) improve   (b) improves   (c) improving   (d) improved

9. We should avoid excessive _____.
   (a) drink   (b) drinks   (c) drinking   (d) drank

10. Smoking is not _____ because it damages brain cells.
    (a) recommend   (b) recommends
    (c) recommending   (d) recommended

Part B. Answer the following questions in English.

1. Do you think you are creative?

2. How can you be creative?

3. Do you think you are open-mined? Why or why not?

4. How can you be physically and mentally healthy?

새로운 아이디어를 떠올리는 방법들

　예술적인 기술과 재능을 지닌 사람들은 창의적입니다. 그들은 대개 새로운 아이디어와 개념을 떠올리기 위해 노력하면서 많은 시간을 보냅니다. 예를 들어서, 그들은 때때로 집 주위를 걷거나 혹은 시간이 충분하면 등산을 하며 자연의 아름다움을 관찰합니다. 신경 과학자들에 의하면 우리가 자전거타기, 조깅, 달리기, 또는 수영과 같은 실외활동에 적극적으로 참여할 때 우리의 두뇌가 더 잘 활동한다고 합니다.

　잘 알려지고 존경받는 사람들은 다른 유명한 공인들로부터 더 많은 것을 배우기 위해 광범위한 독서를 합니다. 그들은 또한 시대에 발맞추기 위해서 신문도 읽습니다. 그들은 마음이 열려있으며 기꺼이 자신들의 실수로부터 배우려고 합니다. 그들은 다른 사람들의 의견을 수용하며 다른 이들의 비판을 겸손하게 받아들입니다. 그들은 새로운 아이디어를 기록하기 위해 필기도구를 가지고 다닙니다.

　육체적으로 그리고 정신적으로 건강을 유지하는 것은 매우 중요합니다. 적절한 식사를 하는 것은 우리의 집중력을 향상시켜줍니다. 과도한 음주를 피해야합니다. 흡연은 두뇌세포를 파괴하기 때문에 담배는 피지 않는 것이 좋습니다.

Part A 정답 및 풀이

1. People who have artistic skills and talents are _____.
   (a) create   (b) creative   (c) creating   (d) created

정답: (b) creative

문장의 주어는 'People who have artistic skills and talents'이며 동사는 'are'입니다. 따라서 이 문장은 주어+동사+주격보어로 이루어진 2형식문장입니다. 문장의 핵심만 따져본다면 'who have artistic skills and talents'를 생략하고 남은 부분인 'People are creative.'입니다. 주격보어로서 형용사인 creative가 가장 적절합니다.

문장 해석: 예술적인 기술과 재능을 지닌 사람들은 창의적입니다.

2. They usually spend a long time _____ to come up with new ideas or concepts.
   (a) try　　　　　(b) tries　　　　(c) trying　　　　(d) tried

정답: (c) trying

spend는 'spend + 시간 + ~ing'(~하면서 시간을 보내다)와 같이 자주 쓰입니다. 여기서는 'spend + a long time + ~ing'를 적용하면 정답은 trying이라는 것을 알 수 있습니다.

문장 해석: 그들은 대개 새로운 아이디어와 개념을 떠올리기 위해 노력하면서 많은 시간을 보냅니다.

3. They hike up the mountains and _____ the beauty of nature.
   (a) observe　　(b) observing　　(c) observed　　(d) to observe

정답: (a) observe

문장에서 생략된 부분을 살려서 다시 쓰면 'They hike up the mountains and they observe the beauty of nature.'가 됩니다. 따라서 and뒤에 이 문장의 주어인 they가 생략되지 않고 남아 있다고 보았을 때 주어 they와 어울리는 동사가 필요합니다. 네 가지 선택사항 중 알맞은 동사의 형태는 observe입니다. observe라는 동사는 the beauty of nature를 목적어로 취하고 있습니다.

문장 해석: 그들은 등산을 하며 자연의 아름다움을 관찰합니다.

4. Our brain works better when we _____ engage in outdoor activities.

(a) active　　　(b) actively　　　(c) acting　　　(d) activity

정답: (b) actively

이 문장은 밑줄에 들어갈 말을 생략하고 'Our brain works better when we engage in outdoor activities.'라고 해도 아무런 문법적으로 문제가 없는 완벽한 문장입니다. when 뒤에 나오는 문장은 주어 + 동사 + 목적어로 이루어진 3형식 문장이며, 주어는 we이며 동사는 engage in입니다. 이 주어와 동사 사이에 들어갈 가장 알맞은 말은 동사인 engage in을 꾸며주는 부사인 actively입니다.

문장 해석: 우리의 두뇌는 우리가 실외활동에 적극적으로 참여할 때 더 잘 활동합니다.

5. Well-known and _____ people do extensive reading to learn more from other famous public figures.
   (a) respect　　(b) respects　　(c) respecting　　(d) respected

정답: (d) respected

문장의 주어는 Well-known and _____ people입니다. 'well-known'은 '잘 알려진'이라는 형용사로서 뒤에 나오는 명사인 people을 꾸며줍니다. and 뒤에도 명사인 people을 꾸며주는 형용사가 필요합니다. 따라서 정답은 '존경받는'이라는 뜻을 지닌 respected입니다.

문장 해석: 잘 알려지고 존경받는 사람들은 다른 유명한 공인들로부터 더 많은 것을 배우기 위해 광범위한 독서를 합니다.

6. They also read newspapers to keep pace _____ the times.
   (a) of　　　(b) for　　　(c) at　　　(d) with

정답: (d) with

'keep pace with'라는 표현을 알고 있으면 정답을 찾을 수 있습니다. 'keep pace with'는 우리말로 '~와 보조를 맞추다', '~에 따라가다'입니다. time이 '시간'을 의미할 때는 셀 수 없는 명사(불가산명사)로 취급되지만, 가산명사가 되어 복수인 times가 되면 '시대', '기간', '때' 등을 의미합니다.

문장 해석: 그들은 또한 시대에 발맞추기 위해서 신문도 읽습니다.

7. They are open-_____ and are willing to learn from their mistakes.
   (a) mind   (b) minds   (c) minding   (d) minded

정답: (d) minded
'open-minded'는 우리말로 '마음이 열린', '속이 트인'이라는 뜻을 지닌 형용사입니다. 이 표현을 알고 있으면 정답을 찾기가 쉽습니다. 'be willing to ~'는 '기꺼이 ~하다'라는 표현입니다. 유용한 표현이니 반드시 알아둡시다.
문장 해석: 그들은 마음이 열려있으며 기꺼이 자신들의 실수로부터 배우려고 합니다.

8. Eating proper meals will help _____ our concentration.
   (a) improve   (b) improves   (c) improving   (d) improved

정답: (a) improve
조동사 will이 있으므로 그다음에 오는 동사는 동사원형만 올 수 있습니다. 따라서 정답은 동사원형인 improve입니다.
문장 해석: 적절한 식사를 하는 것은 우리의 집중력을 향상시키는 데 도움을 줍니다.

9. We should avoid excessive _____.
   (a) drink   (b) drinks   (c) drinking   (d) drank

정답: (c) drinking
avoid는 목적어로 동명사를 취합니다. 따라서 정답은 drinking입니다. 동명사를 목적어로 취하는 동사는 avoid 외에도 delay, dislike, enjoy, finish, mind, postpone등이 있다는 것을 알아둡시다.
문장 해석: 우리는 과도한 음주를 피해야 합니다.

10. Smoking is not _____ because it damages brain cells.
    (a) recommend   (b) recommends
    (c) recommending   (d) recommended

정답: (d) recommended
'흡연은 권해지지 않습니다.' 즉, 수동태 문장이므로 be동사인 is 다음에 과거분사형태가 와야 합니다. 따라서 정답은 recommended입니다.
문장 해석: 흡연은 두뇌세포를 파괴하기 때문에 권해지지 않습니다.

Part B 샘플 답변 및 해설

1. Do you think you are creative?
   (당신은 창의적이라고 생각하십니까?)

A Sample Answer(샘플 답변)

Yes, I think I am a creative person. I try to come up with good ideas to solve the problems that I face.
(예, 저는 창의적인 사람이라고 생각합니다. 제가 직면하고 있는 문제를 해결하기 위해 좋은 아이디어를 생각해 내기 위해 노력합니다.)

2. How can you be creative?
   (어떻게 하면 창의적으로 될 수 있을까요?)

A Sample Answer(샘플 답변)

I think I should read a lot of books so that I can learn from other creative people. Sometimes it is a good idea to think and act like a child. Children ask a lot of questions to learn more about the world.
(제 생각에는 다른 창의적인 사람들로부터 배우기 위해 많은 책을 읽어야 한다고 봅니다. 때로는 아이처럼 생각하고 행동하는 것도 좋다고 봅니다. 아이들은 세상에 대해 더 많은 것을 배우기 위해 많은 질문을 합니다.)

3. Do you think you are open-mined?
   (당신은 마음이 열린 사람이라고 생각하십니까?)

A Sample Answer(샘플 답변)

Yes, I think I am open-minded. I always listen carefully to other people's opinions. I am willing to accept other people's criticisms.
(예, 저는 마음이 열린 사람이라고 생각합니다. 저는 항상 다른 사람들의 의견에 귀를 기울입니다. 저는 기꺼이 다른 사람들의 비판을 수용합니다.)

4. How can you be both physically and mentally healthy?
   (어떻게 하면 육체적으로 그리고 정신적으로 건강할 수 있을까요?)

A Sample Answer(샘플 답변)

I try to think positively and try to look on the bright side of things. I work out at the fitness center at least three times a week so that I can stay healthy.
(저는 긍정적으로 생각하고 낙관적으로 세상을 바라보려고 노력합니다. 저는 건강을 유지하기 위해 일주일에 적어도 세 번은 헬스클럽에서 운동을 합니다.)

19. Do you keep a diary or journal?

Do you keep a diary or journal? How often do you write about your daily experiences? Just take a few minutes to think about what to write. It is especially worthwhile if you keep your diary or journal in English. It is one of the most effective ways to improve your English writing skills.

Writing in a diary is a good way to keep the memories of your past experiences. You can write just about anything happened in the course of the day. Why don't you give it a try?

Part A. Rewrite the underlined word or phrase correctly.

1. Do you <u>keeping</u> a diary or journal?

2. How often do you write about your <u>day experiences</u>?

3. Just take a few minutes <u>think</u> about what to write.

4. It is one of the most effective <u>way</u> to improve your English writing skills.

Part B. Answer the following questions in English.

1. How can you improve your English writing?

2. Do you have any good experience you want to share with others?

3. Do you remember things well?

4. How can you cherish your memories of the past?

5. When you come up with good ideas, do you write about them?

당신은 일기를 씁니까?

당신은 일기를 씁니까? 얼마나 자주 매일 삶의 경험에 대해서 글을 씁니까? 무엇을 쓸 것인지에 대해서 생각하기 위해서 시간을 몇 분 내십시오. 일기를 영어로 쓰면 특히 보람이 있습니다. 그것은 영어쓰기를 향상시킬 수 있는 가장 효과적인 방법 중 하나입니다.

일기를 쓰는 것은 과거의 경험을 간직할 수 있는 한 가지 좋은 방법입니다. 하루 동안 어떤 일이 생기든 간에 그것에 대해서 글로 써볼 수 있습니다. 한번 해 보면 어떨까요?

Part A 정답 및 풀이

1. Do you <u>keeping</u> a diary or journal?

   정답: keeping → keep
   문장의 주어는 you이지만 동사는 올바른 형태가 아닙니다. keep이 되어야 합니다. 조동사인 do가 있으므로 그 뒤에는 동사원형이 와야 됩니다. '일기'는 영어로 'diary' 혹은 'journal'이라고 합니다. '일기를 쓰다'라고 말하고 싶으면 동사 keep을 써서 'keep a diary' 혹은 'keep a journal'이라고 하면 됩니다.
   문장 해석: 당신은 일기를 씁니까?

2. How often do you write about your <u>day experiences</u>?

   정답: day experiences → daily experiences

'매일 일어나는 나날의 경험'을 영어로 표현하면 'daily experiences'가 알맞습니다. '좋았다', '나빴다', '재미있다' 등 구체적인 경험을 이야기 할 때는 복수형인 experiences를 씁니다. 예를 들어서, 'I had so many exciting and wonderful experiences while I was traveling across the United States.'라고 하면 '저는 미국 전역을 두루 여행하는 동안 많은 흥미롭고 멋진 경험을 했습니다.'라는 말입니다.
문장 해석: 얼마나 자주 매일 삶의 경험에 대해서 글을 쓰십니까?

3. Just take a few minutes think about what to write.

정답: think → to think
to부정사를 사용한 '~ 하기 위해서'라는 형태로 바꾸어 주어야 합니다.
문장 해석: 무엇을 쓸 것인지에 대해서 생각하기 위해서 시간을 몇 분 내십오.

4. It is one of the most effective way to improve your English writing skills.

정답: way → ways
'one of the + 복수명사'를 알면 풀 수 있는 문제입니다. 명사 way를 복수형태인 ways로 바꾸면 됩니다.
문장 해석: 그것은 영어쓰기를 향상 시킬 수 있는 가장 효과적인 방법 중 하나입니다.

Part B 샘플 답변 및 해설 ──────────

1. How can you improve your English writing?
   (어떻게 영어쓰기 실력을 향상시킬 수 있을까요?)

   Sample Short Answers(샘플 답변)
   Person A: Writing letters or emails in English will help improve English writing.

(영어로 편지나 이메일을 쓰는 것은 영어쓰기 실력을 향상하는 데 도움을 줄 것입니다)

Person B: Keeping a diary or journal in English is one of the effective ways to improve English writing.
(영어로 일기를 쓰는 것은 영어쓰기 실력을 향상시킬 수 있는 효과적인 방법 중 하나입니다.)

2. Do you have any good experience you want to share with others?
(다른 사람과 나누고 싶은 좋은 경험이 있습니까?)

Sample Short Answers(샘플 답변)

Person A: I went fishing with my father when I was a little boy. I caught a very big catfish. It was such a good experience.
(제가 어린 소년이었을 때 저의 아버지와 함께 낚시를 갔었습니다. 저는 아주 큰 메기를 잡았습니다. 그것은 정말 좋은 경험이었습니다.)

Person B: Our whole family went to Disneyland about a year ago. There were so many different rides that we wanted to try out. We had such a great time there. We are planning to go there again next year.
(저의 가족 모두는 약 1년 전에 디즈니랜드에 갔습니다. 타고 싶은 여러 가지 놀이 기구가 정말 많았습니다. 우리는 그곳에서 정말 즐거운 시간을 보냈습니다. 내년에 다시 그곳에 갈 계획입니다.)

3. Do you remember things well?(기억력이 좋으십니까?)

Sample Short Answers(샘플 답변)

Person A: Yes, I remember things very well. People say that I have a memory like an elephant.
(그렇습니다. 저는 기억력이 좋습니다. 사람들은 제가 아주 좋은 기억력이 있다고 말합니다.)

Person B: I have trouble remembering things. I always forget where I parked

my car. I have a memory like a sieve.
(저는 기억력이 좋지 못합니다. 저는 항상 제 자동차를 어디에 주차해 놓았는지 잊어버립니다. 저는 기억력이 몹시 나쁩니다.)

4. How can you cherish your memories of the past?
   (어떻게 지난날의 추억을 간직할 수 있을까요?)

   Sample Short Answers(샘플 답변)

   Person A: A good way to remember special days or events is to take pictures or shoot videos.
   (특별한 날이나 이벤트를 기억할 수 있는 좋은 방법은 사진을 찍거나 비디오를 촬영하는 것입니다.)

   Person B: It is always a good idea to take photos with your cell phone on a special day and then write about what happened on that day.
   (특별한 날에 휴대전화로 사진을 찍은 다음 그날 일어난 일에 대해서 글을 써 보는 것은 항상 좋은 생각입니다.)

5. When you come up with good ideas, do you write about them?
   (좋은 생각이 떠오르면 그 생각을 글로 기록하십니까?)

   Sample Short Answers(샘플 답변)

   Person A: Whenever I come up with good ideas, I write them down so that I can sell my ideas to commercial companies.
   (저는 제 아이디어를 상업회사에 판매하기 위해서 좋은 생각이 떠오를 때마다 글로 기록합니다.)

   Person B: I run a coffee shop. When I come up with new ideas, I write them down. I use some of my ideas to improve customer satisfaction. I firmly believe that customer satisfaction is the key to success.
   (저는 커피숍을 운영합니다. 새로운 아이디어가 떠오를 때마다 저는 글로 기록합니다. 저는 고객만족을 향상시키기 위해서 제가 기록한 아이디어를 사용합니다. 저는 고객만족이 성공의 열쇠라고 확실히 믿고 있습니다.)

20. Have you ever been to overseas?

Have you ever been to a foreign country? When you go to America, you can eat a variety of western food such as steaks, hamburgers, and pizza. You can also make friends with people from other countries in America. It is a country that welcomes people from other parts of the world. In Japan, you can enjoy bathing at famous natural hot springs. You can try eating all kinds of food including sushi and udon. Japanese people enjoy eating seafood, especially raw fish.

You can have a hands on experience of local customs and cultures if you travel overseas. In India, for example, people use only their right hands to eat food. They rarely use spoons. If you pick up food with your left hand and give it to another person, it is considered very rude. Therefore, knowing the customs and cultural values of the country that you are visiting will surely help you get along well with the local people and enjoy traveling around the country.

Part A. Choose the best answer to fill in the blank.

1. You can eat a variety of western food such _____ steaks, hamburgers, and pizza.
   (a) as   (b) like   (c) with   (d) of

2. In Japan, you can enjoy _____ at famous natural hot springs.
   (a) bathe   (b) bathes   (c) bathing   (d) bathed

3. You can try eating all kinds of food _____ sushi and udon.
   (a) include   (b) includes   (c) including   (d) included

4. In India, _____ example, people use only their right hands to eat food.
   (a) as   (b) for   (c) with   (d) by

5. It is _____ very rude if you pick up food with your left hand and give it to another person in India.
   (a) consider   (b) considers   (c) considering (d) considered

Part B. Answer the following questions in English.

1. Have you ever visited a foreign country? What was it like?

2. Did you enjoy eating the local food when you visited a foreign country?

3. Have you ever experienced culture shock?

4. Did you make friends with some of the local people when you visited a foreign country?

5. What other country(or countries) do you want to visit next time?

해외에 가본 적이 있습니까?

외국에 여행을 다녀온 적이 있나요? 미국에 가면 스테이크, 햄버거, 그리고 피자와 같은 다양한 서양음식을 먹어 볼 수가 있습니다. 또한, 미국에서는 다른 나라에서 온 사람들과 친구가 될 수 있습니다. 미국은 다른 나라 출신의 사람들을 받아들이는 나라입니다. 일본에서는 유명한 온천에서 목욕을 즐길 수가 있습니다. 스시와 우동을 포함한 모든 종류의 음식을 맛볼 수 있습니다. 일본사람들은 해산물, 특히 회를 즐겨 먹습니다.

외국으로 여행하면 그 지역 관습과 문화를 직접경험해 볼 수 있습니다. 예를 들어서, 인도에서는 사람들은 음식을 먹기 위해서 오른손만을 사용합니다. 그들은 숟가락을 거의 사용하지 않습니다. 만약에 왼손으로 음식을 집어서 다른 사람에게 준다면 매우 무례하게 여겨질 수가 있습니다. 따라서 여행하는 나라의 관습과 문화적 가치를 아는 것은 분명히 지역사람들과 잘 어울려 지낼 수 있게 해 줄 것이며 그 나라를 두루 여행하는 것을 즐길 수 있도록 해 줄 것입니다.

Part A 정답 및 풀이

1. You can eat a variety of western food such _____ steaks, hamburgers, and pizza.
   (a) as   (b) like   (c) with   (d) of

정답: (a) as
'~와 같은'은 영어로 'such as ~'라고 표현합니다. 자주 나오는 표현이므로 반드시 알아

두어야 합니다. 'a variety of'는 '다양한'이라는 말입니다.
문장 해석: 여러분은 스테이크, 햄버거, 그리고 피자와 같은 다양한 서양음식을 먹어 볼 수가 있습니다.

2. In Japan, you can enjoy _____ at famous natural hot springs.
  (a) bathe   (b) bathes   (c) bathing   (d) bathed

정답: (c) bathing
동사 enjoy는 동명사를 목적어로 취하는 동사입니다. 따라서 **bathing**이 정답입니다. '온천'은 영어로 'hot spring' 혹은 'natural hot spring'이라고 합니다.
문장 해석: 일본에서는 유명한 온천에서 목욕을 즐길 수 있습니다.

3. You can try eating all kinds of food _____ sushi and udon.
  (a) include   (b) includes   (c) including   (d) included

정답: (c) including
'(스시)sushi와 (우동)udon을 포함한 모든 종류의 음식'이라는 말이므로 알맞은 표현은 '~을 포함한'이라는 뜻을 가진 'including'이 되어야 합니다.
문장 해석: 여러분은 스시와 우동을 포함한 모든 종류의 음식을 맛볼 수 있습니다.

4. In India, _____ example, people use only their right hands to eat food.
  (a) as   (b) for   (c) with   (d) by

정답: (b) for
'예를 들어서'라는 표현은 영어로 'for example' 혹은 'for instance'가 있습니다. 매우 잘 나오는 필수적인 표현이므로 반드시 알아두어야 합니다.
문장 해석: 예를 들어서, 인도에서는 사람들은 음식을 먹기 위해서 오른손만을 사용합니다.

5. It is _____ very rude if you pick up food with your left hand and give it to another person.

(a) consider   (b) considers   (c) considering   (d) considered

정답: (d) considered

'~한 것으로 간주된다'라는 말이므로 알맞은 동사의 형태는 'be + 동사의 과거분사'입니다. 'pick up'은 이 문맥에서 '물건 따위를 집어 들다'라는 뜻으로 쓰였습니다. pick up은 이외에도 문맥에 따라서 'improve(개선되다)', 'speed(속도를 내다)' 그리고 'buy(물건을 사다)' 등의 다양한 뜻으로 쓰입니다. 예를 들어서, 'I'll pick up some milk on my way back home from work.'라고 하면 '직장에서 귀가하는 길에 우유를 사 오겠습니다.'라는 말입니다.

문장 해석: 만약에 왼손으로 음식을 집어서 다른 사람에게 준다면 매우 무례하게 여겨 질 수가 있습니다.

Part B 샘플 답변 및 해설

1. Have you ever visited a foreign country? What was it like?
   (외국을 방문한 적이 있습니까? 어떠셨는지요?)

Sample Short Answers(샘플 답변)

Person A: I went to Taiwan last year. I went to the top of the tallest building in downtown Taipei. Taipei is the capital city of Taiwan. From the top of the building, you can get a bird's eye view of the entire city. It was awesome.
(저는 작년에 타이완에 갔습니다. 저는 타이베이 시내에 있는 가장 높은 빌딩 꼭대기에 올라갔습니다. 타이베이는 대만의 수도입니다. 그 건물의 꼭대기에서 시내 전체를 한눈에 바라볼 수 있습니다. 정말 멋진 광경이었습니다.)

Person B: I went to Singapore with my family during the summer vacation. We took a bus tour around the city. After that, we went to a greenhouse, where all kinds of flowers and trees were displayed. It is the largest greenhouse in the world. We also went to Gardens

by the Bay and watched a fantastic light show at night.
(저는 가족과 함께 여름방학 동안 싱가포르에 갔습니다. 우리는 버스를 타고 도시를 관람했습니다. 그 후에 그린하우스에 갔는데, 그곳에는 온갖 종류의 꽃과 나무들이 전시되어 있었습니다. 그곳은 세상에서 가장 큰 그린하우스입니다. 우리는 밤에 Gardens by the Bay로 가서 환상적인 불빛 쇼도 관람했습니다.)

Person C: I stayed in Japan for two nights and three days during the winter vacation. I went to a famous hot spring in Osaka. I enjoyed eating all kinds of seafood. I also went shopping and bought some souvenirs for my friends and relatives.
(저는 겨울방학 동안 2박3일 동안 일본에 머물렀습니다. 저는 오사카에 있는 유명한 온천에 갔습니다. 온갖 종류의 해산물을 즐겼습니다.
또한 쇼핑을 했으며 친구와 친지들에게 줄 몇 가지 기념품을 구입했습니다.)

2. Did you enjoy eating the local food when you visited a foreign country?
(외국을 방문했을 때 그 지역 음식을 즐겼나요?)

A Sample Answer(샘플 답변)

I had a chance to visit one of my relatives who lives in Boston. Boston is famous for lobsters. She took me to one of the best seafood restaurants in downtown. We enjoyed eating lobsters.
(저는 보스턴에 살고 있는 친지 중 한 사람을 방문할 기회가 있었습니다. 보스턴은 바닷가재로 유명합니다. 그녀는 시내에 있는 가장 좋은 해산물 레스토랑 중 한 곳으로 저를 데리고 갔습니다. 우리는 바닷가재를 맛있게 먹었습니다.)

3. Have you ever experienced culture shock?
(문화충격을 경험한 적이 있습니까?)

Sample Short Answers(샘플 답변)
Person A: After you eat out at a restaurant in America, you should leave a

tip on the table. However, you don't have to give tips at fast food restaurants such as McDonald's and Burgerking because you serve yourself.
(미국에서는 레스토랑에서 식사를 한 후에 테이블 위에 팁을 남겨놓아야 합니다. 하지만, 맥도널드와 버거킹과 같은 패스트푸드 레스토랑에서는 팁을 주지 않아도 됩니다. 왜냐하면 셀프서비스이기 때문입니다.)

Person B: I didn't know that I needed to give tips to cab drivers and pizza delivery men until I came to America. It took me quite a while to adapt myself to a new culture.
(저는 제가 미국에 오기 전까지는 택시기사와 피자배달 하시는 분에게 팁을 주어야 하는지 몰랐습니다. 새로운 문화에 적응하는 데 시간이 꽤 오래 걸렸습니다.)

4. Did you make friends with some of the local people when you visited a foreign country?
(외국을 방문했을 때 그 지역주민과 친구가 되었습니까?)

A Sample Answer(샘플 답변)

My best friend and I took a trip to Malaysia last month. We met a guy who was interested in learning Korean songs. We taught him a few Korean songs. We became friends.
(저는 지날 달 친한 친구와 함께 말레이시아로 여행을 갔습니다. 우리는 한국노래를 배우는 데 관심이 있는 한 남자를 만나게 되었습니다. 우리는 그에게 몇 가지 한국노래를 가르쳐 주었습니다. 우리는 친구가 되었습니다.)

5. What other country(or countries) do you want to visit next time?
(다음에는 어느 나라를 방문하고 싶습니까?)

A Sample Answer(샘플 답변)

I want to go to France or Germany next time. In France, you can visit some of the famous museums and art galleries. In Germany, you can have a chance

to drive on the autobahn.
(다음에는 프랑스나 독일에 가고 싶습니다. 프랑스에서는 유명한 박물관과 미술관을 방문할 수 있습니다. 독일에서는 아우토반에서 차를 운전할 수 있는 기회를 가질 수가 있습니다.)

21. Why are you so different?

Have you ever been in love with someone? When was the last time you felt good about being with someone you really cared for? Love is sweet. It involves passionate feelings. It's so sweet and intense that it is sometimes compared to honey or fire. That's why you call your significant other, "sweetheart" or "honey." How long do you think your love is going to last? It depends on how much you know about each other's needs. Men are different from women in many ways and vice versa.

John Gray, who is an expert in the field of communication and relationships, explains the relationships between men and women in detail. According to him, a man feels appreciated when his partner recognizes his ability to achieve results. A woman wants her partner to listen to her when she has problems. Conflicts occur when they fail to understand each other's needs. These are just some of the things John Gray is dealing with in his book, "Men are from Mars, Women are from Venus."

Why don't you get a copy of this book and learn more about the differences between men and women? I'm sure it will help you have a long lasting relationship with the person you are in love with.

Part A: Choose the best answer to fill in the blank.

1. Have you ever been _____ love with someone?
   (a) in   (b) at   (c) on   (d) for

2. Love is so sweet and intense _____ it is sometimes compared to honey or fire.
   (a) what   (b) while   (c) that   (d) which

3. Men are different _____ women in many ways and vice versa.
   (a) before   (b) from   (c) with   (d) to

4. He explains the relationships between men and women _____ detail.
   (a) for   (b) with   (c) on   (d) in

5. A woman wants her partner _____ to her when she has problems.
   (a) listen   (b) listens   (c) listening   (d) to listen

Part B. Rewrite the underlined word or phrase correctly.

1. It depends on how much you know about each other's <u>need</u>.

2. John Gray, who is an expert in the field of communication and relationships, <u>explain</u> the relationships between men and women in detail.

3. It will help you have a long <u>last</u> relationship with the person you are in love with.

Part C. Answer the following questions in English.

1. Have you ever been in love with someone?

2. Have you ever broken up with someone you love?

3. Who is your ideal type of person?

4. Why do you think men and women are so different?

왜 당신은 나랑 다를까요?

누군가와 사랑에 빠져본 적이 있습니까? 언제 마지막으로 정말로 좋아하는 누군가와 함께하는 데 대해서 좋은 느낌을 가져보았습니까? 사랑은 달콤합니다. 사랑은 정열적인 감정을 수반합니다. 사랑은 너무나도 달콤하고 강렬해서 때때로 꿀이나 불에 비유됩니다. 그것이 바로 사랑하는 사람을 애인(sweetheart) 이나 여보(honey)라고 부르는 이유입니다. 여러분의 사랑이 언제까지 지속될 것이라고 생각하십니까? 글쎄요, 그것은 서로의 필요에 대해서 얼마만큼 아느냐에 달려 있습니다. 남성은 여러 면에 있어서 여성과 다르며 여성도 여러 면에 있어서 남성과 다릅니다.

의사소통과 인간관계 분야에서 전문가인 존 그레이는 남성과 여성간의 관계를 상세하게 설명합니다. 그의 말에 따르면, 남성은 그의 파트너가 일을 성취할 수 있는 능력을 인정해 줄 때 고마워하는 마음을 가진다고 합니다. 여성은 자신이 문제가 있을 때 그녀의 파트너가 자신의 말을 들어주기를 원합니다. 서로간의 필요를 이해하지 못할 때 갈등이 생깁니다. 이것은 존 그레이가 쓴 "화성에서 온 남자 금성에서 온 여자"라는 책에서 다루고 있는 일부일 뿐입니다.

그의 책을 구입해서 남성과 여성 사이의 차이점에 대해서 더 많은 것을 배워 보시는 것은 어떨까요? 여러분과 여러분의 사랑하는 사람이 오래 지속되는 관계를 가질 수 있도록 도와줄 것이라 확신합니다.

Part A 정답 및 풀이

1. Have you ever been _____ love with someone?
   (a) in   (b) at   (c) on   (d) for

정답: (a) in
'be in love with ~'는 '~ 와 사랑에 빠지다'라는 뜻입니다.
문장 해석: 누군가와 사랑에 빠져본 적이 있습니까?

2. Love is so sweet and intense _____ it is sometimes compared to honey or fire.
   (a) what   (b) while   (c) that   (d) which

정답: (c) that
'so ~ that ...'은 '너무 ~ 해서 that이하 하다'라는 뜻입니다.
문장 해석: 사랑은 너무나도 달콤하고 강렬해서 때때로 꿀이나 불에 비유됩니다.

3. Men are different _____ women in many ways and vice versa.
   (a) before   (b) from   (c) with   (d) to

정답: (b) from
'A is different from B'라고 하면 'A는 B와는 다르다'라는 뜻입니다. 'in many ways'는 '여러 가지 면에 있어서'라는 말입니다. 'vice versa'는 '그 반대의 경우도 마찬가지입니다.' 라는 뜻입니다.
문장 해석: 남성은 여러 면에 있어서 여성과 다르며 여성도 여러 면에 있어서 남성과 다릅니다.

4. He explains the relationships between men and women _____ detail.
   (a) for   (b) with   (c) on   (d) in

정답: (d) in
'in detail'은 '상세하게'라는 뜻입니다.

문장 해석: 그는 남성과 여성 간의 관계를 상세하게 설명합니다.

5. A woman wants her partner _____ to her when she has problems.
   (a) listen   (b) listens   (c) listening   (d) to listen

정답: (d) to listen
'want + 목적어 + to부정사'의 문장구조로 되어 있습니다.
문장 해석: 여성은 자신이 문제가 있을 때 그녀의 파트너가 자신의 말을 들어주기를 원합니다.

Part B 정답 및 풀이

1. It depends on how much you know about each other's <u>need</u>.

정답: need → needs
'필요한 물건' 혹은 '필요한 것'이라는 뜻으로 쓰일 때는 보통 복수형인 **needs**를 씁니다. 예를 들어서 '우리가 쓰는 일용 필수품'은 영어로 '**our daily needs**'라고 표현합니다. 유용한 표현이므로 반드시 알아둡시다.
문장 해석: 그것은 서로의 필요에 대해서 얼마만큼 아느냐에 달려 있습니다.

2. John Gray, who is an expert in the field of communication and relationships, <u>explain</u> the relationships between men and women in detail.

정답: explain → explains
문장의 주어는 John Gray이며, 동사는 explain입니다. 주어가 3인칭 단수이며 문장의 시제는 현재이므로 알맞은 동사의 형태는 explains입니다.
문장 해석: 의사소통과 인간관계 분야에서 전문가인 존 그레이는 남성과 여성간의 관계를 상세하게 설명합니다.

3. It will help you have a long last relationship with the person you are in love with.

정답: last → lasting
뒤에 나오는 명사인 relationship을 꾸며주기 위해서는 형용사인 lasting으로 바꾸어 주어야 합니다. lasting은 '영속하는', '오래가는'이라는 뜻입니다.
문장 해석: 그것은 여러분과 여러분의 사랑하는 사람이 오래 지속되는 관계를 맺을 수 있도록 도와줄 것입니다.

Part C 샘플 답변 및 해설 ─────────────────────────

1. Have you ever been in love with someone?
   (누군가와 사랑에 빠진 적이 있습니까?)

Sample Short Answers(샘플 답변)
Person A: I fell in love with a woman for the first time in my life when I was a college freshman. It was love at first sight. We became boyfriend and girlfriend.
(저는 대학 1학년 때 제 인생에서 처음으로 어떤 여성과 사랑에 빠지게 되었습니다. 첫눈에 반하게 되었습니다. 저희들은 연인이 되었습니다.)
Person B: I had a blind date when I was a college student. I was attracted to him because we had a lot in common.
(저는 대학생이었을 때 소개팅을 했습니다. 우리는 공통점이 많았기 때문에 저는 그에게 끌렸습니다.)
Person C: I met a woman while I was working part-time at a coffee shop. She was one of the regular customers. One day, I mustered up my courage and asked her out. And we have been seeing each other ever since.
(제가 커피숍에서 아르바이트를 하고 있을 때 어떤 여성분을 만나게 되었습니다. 그분은 단골고객 중 한 사람이었습니다. 어느 날 저는 용기를 내서 그녀에게 데이트 신청을 했습니다. 저희는 그날 이후로 지금까지 사귀는 중입니다.)

2. Have you ever broken up with someone you love?
   (사랑하는 사람과 헤어진 적이 있습니까?)

   Sample Short Answers(샘플 답변)
   Person A: I broke up with my boyfriend about a month ago because he was cheating on me. It really broke my heart.
   (저는 약 한 달 전에 남자친구와 헤어졌습니다. 다른 여자를 만나고 있었죠. 정말 마음이 아팠습니다.)
   Person B: My girlfriend took a semester off and went to Canada to study English. She called me one day and said that she wanted to break up with me.
   (제 여자 친구는 한 학기 휴학을 하고 영어를 공부하기 위해서 캐나다로 갔습니다. 어느 날 저에게 전화해서 헤어지고 싶다고 말했습니다.)

3. Who is your ideal type of person?
   (당신의 이상형은 누구입니까?)

   Sample Short Answers(샘플 답변)
   Person A: I like a lady who is kind and generous.
   (저는 친절하고 아량 있는 여성을 좋아합니다.)
   Person B: I like someone who is tall and handsome.
   (저는 키가 크고 잘생긴 사람을 좋아합니다.)
   Person C: I want to go out with a guy who is intelligent, generous, and warm-hearted.
   (저는 지적이고 너그러우며 따뜻한 마음씨를 가진 남성분과 사귀고 싶습니다.)

4. Why do you think men and women are so different?
   (왜 남자와 여자는 서로 많이 다르다고 생각합니까?)

   A Sample Answer(샘플 답변)
   Men and women react differently in stressful situations both mentally and

physically. Women are more likely to share their feelings and emotions with others as a way to handle their stress. But men usually tend to cope with their stress and depression by engaging in sports or outdoor recreational activities.

(남자와 여자는 스트레스가 생기는 상황에서 정신적으로 그리고 육체적으로 서로 다르게 반응합니다. 여성들은 그들의 스트레스에 대처하기 위해서 그들의 느낌과 감정을 다른 사람들과 함께 공유하는 경향이 있습니다. 하지만 남자들은 스포츠와 실외 여가활동에 참여함으로써 스트레스와 우울증에 대처하는 경향이 있습니다.)

22. We should watch what we say.

What you say to others can influence them in many different ways. You can encourage others with words of affirmation or may hurt other people's feelings by inadvertently using words with negative connotations. What you have in your mind usually comes out of your mouth. Therefore, what you say to others may affect them in a negative way when your mind is filled with negative thoughts. How can you overcome negative thinking? How can you replace negative thoughts with positive ones?

When negative thoughts bombard your mind, try to change your thoughts by counting your blessings. Think of those who are less fortunate than you. Be thankful and grateful for what you already have. When someone is really getting to you, take a deep breath and count three seconds before you say anything to them. That way, you can prevent something bad from happening. Talking behind someone's back is another thing to avoid. Walls have ears. Someone else might be listening to you. Therefore, you should watch what you say and think carefully before you say something.

Part A. Rewrite the underlined word or phrase correctly.

1. What you say to <u>other</u> can influence them in many different ways.

2. You may hurt other people's <u>feeling</u> by inadvertently using words with negative connotations.

3. You can prevent something bad from <u>happen</u>.

4. <u>Talk</u> behind someone's back is another thing to avoid.

Part B. Answer the following questions in English.

1. Do you easily get angry?

2. When you get angry, what do you do? What is your first reaction? What can you do about it?

3. What do you do when you feel blue?

4. What do you think about people gossiping around?

5. Have you ever talked behind someone's back?

6. What can you do about the person who talks behind your back?

7. Have you ever hurt other people's feelings?

8. When your best friend is in despair, how are you going to comfort him or her?

우리는 말을 가려서 할 필요가 있습니다.

　여러분이 다른 사람들에게 하는 말은 여러 가지 방식으로 그들에게 영향을 끼칠 수 있습니다. 여러분은 사랑과 인정의 말로 다른 사람들에게 용기를 줄 수 있거나 본의 아니게 무심코 부정적인 의미를 지닌 말을 사용함으로써 다른 사람들의 기분을 상하게 할 수도 있습니다. 마음속에 있는 것이 대개 입 밖으로 나오는 법입니다. 그러므로, 여러분의 마음이 부정적인 생각으로 가득 차 있을 때 다른 사람들에게 하는 어떤 말은 그들에게 부정적인 영향을 끼칠 수가 있습니다. 어떻게 하면 부정적인 생각을 극복할 수 있을까요? 어떻게 하면 부정적인 생각을 긍정적인 생각으로 바꿀 수가 있을까요?

　부정적인 생각이 여러분의 마음을 짓누를 때는 여러분이 가지고 있는 것에 감사함으로 당신의 생각을 바꾸기 위해 노력하세요. 여러분보다 더 불우한 사람들을 생각해 보세요. 여러분이 이미 가지고 있는 것들에 대해 감사하세요. 누군가가 정말로 여러분의 기분을 나쁘게 할 때는 상대방에게 무슨 말을 하기 전에 숨을 깊게 들이마시고 3초를 세십시오. 그렇게 함으로써 좋지 않은 일이 생기는 것을 막을 수 있습니다. 다른 사람이 없는 곳에서 그 사람에 대해서 비방을 하는 것 역시 피해야 합니다. 낮말은 새가 듣고 밤말은 쥐가 듣는 법입니다. 누군가가 여러분이 하는 말을 들을 수도 있습니다. 그러므로 여러분은 말을 가려서 해야 되며 어떤 말을 하기 전에 신중하게 생각해야 됩니다.

Part A 정답 및 풀이

1. What you say to <u>other</u> can influence them in many different ways.

   정답: other → others
   '다른 사람들'이라는 뜻이므로 복수가 되어야 합니다. 'others'는 'other people'과 같은 의미입니다.
   문장 해석: 여러분이 다른 사람들에게 하는 말은 여러 가지 방식으로 그들에게 영향을 끼칠 수 있습니다.

2. You may hurt other people's <u>feeling</u> by inadvertently using words with negative connotations.

   정답: feeling → feelings
   '사람들의 감정'을 말하고 있으므로 feelings라고 표현해야 됩니다. 'by ~ing'는 '~함으로써'라는 말입니다. 'feeling'은 '감각'이라는 뜻이며 '감정'이라는 말을 하고 싶으면 feeling의 복수형인 'feelings'을 쓰면 됩니다. 예를 들어서, 'After the plane crash, he had no feeling in his left arm.'이라고 하면 '비행기 추락사고 후에 그는 왼팔에 아무런 감각을 느낄 수 없었다.'라는 말이며, 'You may hurt her feelings if you say like that.'라고 하면 '만약 그런 식으로 말을 하면 그녀의 감정을 상하게 할 수 도 있다.'라는 말이 됩니다.
   문장 해석: 여러분은 본의 아니게 무심코 부정적인 의미를 지닌 말을 사용함으로써 다른 사람들의 기분을 상하게 할 수도 있습니다.

3. You can prevent something bad from <u>happen</u>.

   정답: happen → happening
   전치사의 목적어는 명사입니다. 다시 말해서 전치사 뒤에는 명사, 대명사, 동명사, 또는 명사절이 옵니다. 전치사 다음에 동사를 쓸 때는 동명사를 씁니다. 따라서 happen을 happening으로 바꾸어 주어야 합니다. 그리고 'prevent A from B'라는 표현은 자주 나오므로 반드시 알아 두어야 합니다. 그 뜻은 'A가 B하는 것을 막다'입니다.
   문장 해석: 여러분은 좋지 않은 일이 생기는 것을 막을 수 있습니다.

4. <u>Talk</u> behind someone's back is another thing to avoid.

정답: Talk → Talking
문장의 주어는 명사입니다. 따라서 '말하는 것'인 'Talking'이 알맞은 형태입니다. 문장의 전체 주어는 Talking behind someone's back입니다.
문장 해석: 다른 사람이 없는 곳에서 그 사람에 대해서 비방을 하는 것 역시 피해야 합니다.

Part B 샘플 답변 및 해설

1. Do you easily get angry?
   (쉽게 화를 내십니까?)

   Sample Short Answers(샘플 답변)
   Person A: I find it extremely difficult for me to keep my anger under control. I am going to take an anger management class to learn how to control my anger.
   (저는 분노를 제어하는데 상당히 어려움을 느낍니다. 저는 분노를 제어하는 법을 배우기 위해서 분노 조절 수업을 들으려고 합니다.)
   Person B: I rarely get angry. When someone makes me angry, I try not to show my emotions right away. I take a deep breath and think carefully about how to deal with the situation.
   (저는 좀처럼 화를 잘 내지 않습니다. 누군가가 저를 화가 나게 하면 저는 저의 감정을 바로 나타내려고 하지 않습니다. 숨을 크게 들이마시고 그 상황에 어떻게 대처할 것인지에 대해서 신중하게 생각합니다.

2. When you get angry, what do you do? What is your first reaction? What can you do about it?
   (화가 나면 어떻게 하십니까? 맨 처음 반응은 어떻습니까? 그것에 대해서 어떻게 할 수 있을까요?)

Sample Short Answers(샘플 답변)

Person A: I shout at the person who makes me angry. However, I don't think this is a good thing to do. I should learn how to deal with my anger. I don't want to hurt other people's feelings
(저는 화가 나게 하는 사람에게 고함을 칩니다. 하지만 저는 이것은 좋은 것이 아니라고 생각합니다. 저는 분노를 다루는 법을 배워야 할 것 같습니다. 다른 사람들의 감정을 상하게 하고 싶지는 않습니다.)

Person B: When I get angry, I try to calm down and think deeply about what really triggers my anger. That way, I can rationally cope with my anger. I want to get along well with other people around me.
(저는 화가 나면 진정하고 무엇이 정말로 화가 나게 하는지 깊게 생각해봅니다. 그렇게 함으로써 저는 이성적으로 분노에 대처할 수가 있습니다. 저는 제 주위에 있는 분들과 잘 지내고 싶습니다.)

3. What do you do when you feel blue?
   (우울할 때 무엇을 하십니까?)

A Sample Answer(샘플 답변)

When I feel depressed, I go jogging or swimming. I always feel much better after I work out. Our bodies produce endorphins when we exercise. Endorphins promote feelings of pleasure and alleviate pain.
(저는 우울할 때 조깅이나 수영을 합니다. 저는 운동을 한 후에 항상 기분이 훨씬 나아집니다. 운동을 할 때 우리 몸은 엔돌핀을 분비합니다. 엔돌핀은 만족감을 증진시키며 통증을 완화시켜줍니다.)

4. What do you think about people gossiping around?
   (좋지 않은 소문을 퍼뜨리거나 남을 험담하는 사람들에 대해서 어떻게 생각하십니까?)

A Sample Answer(샘플 답변)

I think they don't realize that they are making a huge mistake when they gossip around or talk behind someone's back. They should be careful not to hurt other people's feelings. Walls have ears.
(제 생각에는 그들은 좋지 않은 소문을 퍼뜨리거나 남을 험담할 때 큰 실수를 한다는 것을 깨닫지 못하는 것 같습니다. 그들은 다른 사람들의 감정을 상하게 하지 않도록 조심해야 합니다. 낮말은 새가 듣고 밤말은 쥐가 듣는 법입니다.)

5. Have you ever talked behind someone's back?
   (다른 사람을 험담한 적이 있습니까?)

A Sample Answer(샘플 답변)
I used to talk bad about others when I was a high school student, but I don't want to do that anymore. I must have hurt other people's feelings. I have realized that talking behind someone's back is not a good thing to do.
(저는 고등학생 시절에 다른 사람들을 험담하곤 했지만 더 이상 그러고 싶지 않습니다. 저는 분명히 다른 사람들의 감정을 상하게 했을 것입니다. 다른 사람들을 험담하는 것은 좋은 것이 아니라는 것을 깨닫게 되었습니다.)

6. What can you do about the person who talks behind your back?
   (여러분을 험담하는 사람에 대해서 어떻게 할 수 있을까요?)

A Sample Answer(샘플 답변)
If someone talks behind my back, I will ask the person if there is anything wrong with me. If there is nothing wrong with the way I talk or behave, I will tell the person to stop talking behind my back.
(만약 누군가가 저에 대해서 험담을 한다면 저는 그 사람에게 제가 무슨 잘못이라도 했는지 물어볼 것입니다. 제가 말하거나 행동하는 데 있어서 잘못이 없다면 저는 그 사람에게 험담을 하지 말라고 이야기할 것입니다.)

7. Have you ever hurt other people's feelings?
   (다른 사람의 감정을 상하게 한 적이 있습니까?)

   Sample Short Answers(샘플 답변)
   Person A: I rarely hurt other people's feelings. I think I get along well with everybody around me. I have lots of friends. They all like to hang out with me. I am an easy and outgoing person.
   (저는 좀처럼 다른 사람들의 감정을 상하게 하지 않습니다. 저는 제 주위의 모든 사람들과 잘 지낸다고 생각합니다. 저는 친구가 많습니다. 제 친구들은 저와 함께 어울리기를 좋아합니다. 저는 여유롭고 외향적인 사람입니다.)
   Person B: I have hurt so many people around me. I think I have problems with anger management. I need to learn how to deal with my anger.
   (저는 제 주위에 있는 너무나 많은 사람들의 감정을 상하게 했습니다. 저는 분노를 조절하는 데 문제가 있다고 생각합니다. 저는 분노에 대처하는 법을 배울 필요가 있습니다.)

8. When your best friend is in despair, how are you going to comfort him or her?
   (가장 친한 친구가 절망에 빠져 있을 때 그 친구를 어떻게 위로할 수 있을까요?)

   Sample Short Answers(샘플 답변)
   Person A: I will tell him not to give up hope. I will hang out with him until he regains his strength. A friend in need is a friend indeed.
   (저는 그에게 희망을 버리지 말라고 이야기할 것입니다. 저는 그가 힘을 다시 회복할 때까지 함께 어울리면서 시간을 보낼 것입니다. 필요할 때 있는 친구가 진정한 친구입니다.)
   Person B: I will take her to dinner and tell her that I am always on her side. Also, I will show her how much I care about her as my best friend.
   (저는 그녀에게 저녁을 대접하고 항상 그녀 편이라고 말해 줄 것입니다. 또한, 제가 그녀를 저의 가장 친한 친구로서 얼마나 걱정하는지 보여줄 것입니다.)

23. Look on the bright side of things.

Are you feeling hopeless because things are not going right? Do you feel sad and depressed because you failed to do something you really wanted to accomplish? Then try to look on the bright side of things.

If you think you can do what you are planning to do, you will probably be able to do it as long as you do your best. Your attitude and the way you think will affect your overall performance and efficiency. It will also bring about quite a different result or outcome.

Learn from some of the great historical figures of all time. They kept on doing what they thought were the right things to do until they finally made their dreams come true. Of course, they faced many difficulties in doing so, but they never quit. There's nothing you can't accomplish when you put in all the hard work.

Part A. Choose the best answer to fill in the blank.

1. Your attitude and the way you think will affect your overall _____.
   (a) perform   (b) performs   (c) performing   (d) performance

2. It will also bring _____ quite a different result or outcome.
   (a) with   (b) about   (c) to   (d) together

3. They kept on doing _____ they thought were the right things to do.
   (a) that   (b) which   (c) what   (d) while

4. They finally made their dreams _____ true.
   (a) come   (b) comes   (c) coming   (d) came

5. They faced many difficulties in doing so, _____ they never quit.
   (a) and   (b) but   (c) or   (d) so

Part B. Rewrite the underlined word or phrase correctly.

1. Do you feel <u>depressing</u> because things are not going right?

2. Are you disappointed because you <u>fail</u> to do something you really wanted to accomplish?

3. Then try <u>look</u> on the bright side of things.

4. You will be able to do it as long as you <u>doing</u> your best.

Part C. Answer the following questions in English.

1. When you face difficulties in solving some challenging problems, what do you do? Do you ask others for help?

2. What is your biggest problem these days? What can you do about it?

3. When you failed to do something you really wanted to do, what do you do? How do you comfort yourself?

4. When things are not going right, do you blame others or blame yourself? Why?

긍정적으로 생각하세요.

일이 잘 풀리지 않아서 절망적이십니까? 정말로 하고 싶었던 어떤 것을 하지 못해서 슬프고 우울합니까? 그러면 낙관하려고 노력하십시오.

여러분이 계획하고 있는 일을 할 수가 있다고 생각하면 최선을 다하는 한 아마도 그 일을 할 수가 있을 것입니다. 여러분의 태도와 생각하는 방식이 여러분의 전반적인 성취도와 효율성에 영향을 미칠 것입니다. 그것은 또한 매우 다른 결과를 낳게 될 것입니다.

역대의 위대한 몇몇 역사적 인물들로부터 배우십시오. 그들은 그들의 꿈을 성취할 때까지 그들이 옳다고 생각하는 일을 계속해서 꾸준히 했습니다. 물론, 그렇게 하는 중에 많은 어려움에 직면하기도 했지만, 그들은 절대 포기하지 않았습니다. 온 마음과 정성을 다해서 열심히 노력하면 하지 못할 일은 없습니다.

Part A 정답 및 풀이

1. Your attitude and the way you think will affect your overall _____.
   (a) perform   (b) performs   (c) performing   (d) performance

정답: (d) performance
소유격 다음에는 명사가 옵니다. 따라서 your 다음에는 명사인 performance가 와야 합니다. overall(전반적인)은 형용사로서 performance를 앞에서 수식하고 있습니다.
문장 해석: 여러분의 태도와 생각하는 방식이 여러분의 전반적인 성취도에 영향을 미칠 것입니다.

2. It will also bring _____ quite a different result or outcome.

(a) with　　　　(b) about　　　　(c) to　　　　(d) together

정답: (b) about
'bring out', 즉 '어떠어떠한 결과를 낳다'라는 숙어를 알면 정답을 쉽게 찾을 수 있는 문제입니다.
문장 해석: 그것은 또한 매우 다른 결과를 낳게 될 것입니다.

3. They kept on doing _____ they thought were the right things to do.
　(a) that　　　　(b) which　　　　(c) what　　　　(d) while

정답: (c) what
이 문장에서 가장 알맞은 것은 관계대명사 what입니다. 관계대명사 what은 the thing that으로 풀어서 설명할 수 있으며 해석을 하면 '~ 하는 것'입니다.
문장 해석: 그들은 그들이 옳다고 생각하는 일을 계속해서 꾸준히 했습니다.

4. They finally made their dreams _____ true.
　(a) come　　　　(b) comes　　　　(c) coming　　　　(d) came

정답: (a) come
'make one's dream come true', 즉 '누구누구의 꿈을 성취하다'라는 표현을 알고 있으면 정답을 쉽게 찾을 수 있는 문제입니다.
문장 해석: 그들은 결국에는 그들의 꿈을 성취했습니다.

5. They faced many difficulties in doing so, _____ they never quit.
　(a) and　　　　(b) but　　　　(c) or　　　　(d) so

정답: (b) but
'어려움에 직면했다'와 '결코 포기하지 않았다'를 자연스럽게 연결시켜 줄 수 있는 말이 무엇인지 묻는 문제입니다.

문장 해석: 그렇게 하는 중에 많은 어려움에 직면하기도 했지만, 그들은 결코 포기하지 않았습니다.

Part B 정답 및 풀이

1. Do you feel <u>depressing</u> because things are not going right?

   정답: depressing → depressed
   　depressing은 '우울하게 만드는'이라는 뜻이며 depressed는 '(기분이) 우울한'이라는 의미입니다. 따라서 depressed가 적절합니다.
   　문장 해석: 일이 잘 풀리지 않아서 절망적이십니까?

2. Are you disappointed because you <u>fail</u> to do something you really wanted to accomplish?

   정답: fail → failed
   　~ you really wanted to ~에서 동사의 시제는 과거이므로 시제일치를 위해서 failed로 고쳐야 합니다. 여기서 'fail to ~'는 '~을 하지 못하다'라는 말입니다.
   　문장 해석: 정말로 하고 싶었던 어떤 것을 하지 못해서 실망한 상태입니까?

3. Then try <u>look</u> on the bright side of things.

   정답: look → to look
   　동사 try는 to부정사를 목적어로 취하기도 하고 동명사를 목적어로 취하기도 합니다. to부정사를 취할 경우 '~하기 위해 애쓰다, 노력하다'라는 의미가 되며, 동명사를 취할 경우 '시험삼아 ~해보다'라는 뜻으로 쓰입니다.
   　문장 해석: 그러면 낙관하려고 노력하십시오.

4. You will be able to do it as long as you <u>doing</u> your best.

정답: doing → do

'as long as + 절'은 '~하는 한'이라는 뜻이며, 절의 동사형태가 잘못되어 수정이 필요합니다. 알맞은 동사형태는 do입니다.

문장 해석: 최선을 다하는 한 여러분은 그것을 할 수 있을 것입니다.

Part C 샘플 답변 및 해설

1. When you face difficulties in solving some challenging problems, what do you do? Do you ask others for help?
   (어떤 어려운 문제를 해결하는 데 있어서 난관에 직면할 때 어떻게 하십니까? 다른 사람들에게 도움을 요청하십니까?)

   A Sample Answer(샘플 답변)
   I usually ask others for help when I find it difficult for me to solve the problems on my own. And I also help others when they have difficulty solving their problems.
   (저는 문제를 스스로 해결하는 것이 어려울 때 대개 다른 사람들에게 도움을 요청합니다. 그리고 저 또한 다른 사람들이 그들의 문제를 해결하는 데 어려움을 겪을 때 도움을 줍니다.)

2. What is your biggest problem these days? What can you do about it?
   (요즈음 가장 큰 문제가 무엇입니까? 그 문제에 대해서 여러분은 무엇을 할 수 있습니까?)

   A Sample Answer(샘플 답변)
   I am looking for a job these days. The job market is very competitive. I need to learn how to prepare myself to get a good job.
   (저는 요즈음 직장을 구하는 중입니다. 인력시장은 매우 경쟁이 심합니다. 좋은 직장을 구하려면 어떻게 준비해야 할지 배울 필요가 있습니다.)

3. When you failed to do something you really wanted to do, what do you do? How do you comfort yourself?
   (정말로 하고 싶은 것을 하지 못했을 때 여러분은 어떻게 하십니까? 어떻게 자신을 위로하십니까?)

A Sample Answer(샘플 답변)
   I can learn from my mistakes. I don't give up until I finally achieve what I have always wanted to accomplish. There is a saying that goes like this: "What doesn't kill you makes you stronger." I tell myself that I will do better next time.
   (저는 실수로부터 배울 수 있습니다. 저는 제가 항상 성취하기를 원해 온 일들을 완수할 때까지는 결코 포기하지 않습니다. "나를 죽이지 못하는 고통은 나를 더 강하게 할 뿐이다."라는 속담이 있습니다. 저는 제 자신에게 다음에는 더 잘 할 것이라고 말합니다.)

4. When things are not going right, do you blame others or blame yourself? Why?
   (일이 잘 풀리지 않을 때 여러분은 다른 사람을 비난하십니까 아니면 자신을 탓하십니까? 왜 그렇게 하십니까?)

A Sample Answer(샘플 답변)
   I am the one who is responsible for all the things that I do. Therefore, I have no reason to blame others when things are not going right.
   (제가 하는 일에 책임이 있는 사람은 저 자신입니다. 그래서 일이 잘되지 않을 때 다른 사람들을 비난할 아무런 이유가 없습니다.)

24. Do you spend your time wisely?

If you want to spend your time wisely, here are some tips that I would like to share with you. Spend some time thinking about what to do before you do anything. Plan ahead before you start your day. Otherwise, you will end up doing nothing. Time is like money. Don't waste your precious time building castles in the air. Always plan ahead by writing down a list of what you need to do the next day.

Be a morning type of person. Sleep before midnight and get up early in the morning. Don't skip breakfast. If you skip breakfast all the time, you will eventually lose your health. If you get sick, you can't do anything. Try to stay physically fit by working out a little bit. Hiking up a mountain near your home or, if you don't have enough time, walking around your neighborhood for a while will help you stay healthy.

Read books, magazines, and newspapers to keep up with the times and to learn more about what is going on around the world. Don't put off until tomorrow what you can do today. If you goof around doing nothing, it is just a waste of your precious time.

Part A. Choose the best answer to fill in the blank.

1. Don't waste your precious time _____ castles in the air.

(a) build (b) builds (c) building (d) to build

2. Always plan ahead _____ writing down a list of what you need to do the next day.
(a) in (b) by (c) with (d) for

3. Sleep before midnight _____ get up early in the morning.
(a) and (b) but (c) or (d) so

4. _____ you skip breakfast all the time, you will eventually lose your health.
(a) If (b) That (c) What (d) Although

5. Try _____ physically fit by working out a little bit.
(a) stay (b) stays (c) staying (d) to stay

Part B. Rewrite the underlined word or phrase correctly.

1. Do you want <u>spend</u> your time wisely?

2. Read books <u>learn</u> more about what is going on around the world.

3. We need to read newspapers in order to <u>keep up with the time</u>.

Part C. Answer the following questions in English.

1. Are you a morning type of person or a night type of person?

2. How many hours a day do you usually sleep?
   Do you also take a nap?

3. Do you sometimes skip breakfast ?
   If so, when do you skip breakfast?
   Why do you skip breakfast?

4. How often do you work out?

5. What do you usually do to stay fit?

여러분은 시간을 현명하게 사용하십니까?

    시간을 현명하게 사용하기 원한다면 여러분과 나누고 싶은 몇 가지 조언이 있습니다. 어떤 일을 하기 전에 무엇을 할 것인지에 대해 생각하는 시간을 가지십시오. 하루를 시작하기 전에 계획을 세우십시오. 그렇지 않으면 아무것도 하지 못한 채 시간을 허비하게 될 것입니다. 시간은 돈과 같습니다. 백일몽을 꾸면서 소중한 시간을 낭비하지 마십시오. 다음날 무엇을 할 필요가 있는지에 대한 목록을 작성함으로써 항상 미리 계획을 세우십시오.

    아침형 인간이 되십시오. 밤 12시 전에 잠자리에 들고 아침 일찍 일어나십시오. 아침식사는 거르지 마십시오. 항상 아침식사를 거르면 결국에는 건강을 잃게 될 것입니다. 몸이 아프면 아무것도 할 수 없습니다. 운동을 조금씩 함으로써 육체적인 건강을 유지하기 위해 노력하십시오. 집에서 가까운 산을 오르거나 시간이 충분하지 않다면 잠깐 동네 주위를 걷는 것은 건강을 유지하는 데 도움을 줄 것입니다.

    시대에 발맞추기 위해서 그리고 세상에서 일어나고 있는 일에 대해서 더 많은 것을 배우기 위해 책과 잡지 그리고 신문을 읽으십시오. 오늘 할 수 있는 일을 내일까지 미루지 마십시오. 아무것도 하지 않고 빈둥거리면 귀중한 시간의 낭비일 뿐입니다.

Part A 정답 및 풀이 ─────────────

1. Don't waste your precious time _____ castles in the air.

(a) build　　　(b) builds　　　(c) building　　　(d) to build

정답: (c) building

'waste time ~ing'는 '~을 하면서 시간을 소비하다'라는 뜻입니다. 그리고 'build castles in the air'는 '백일몽을 꾸다', '공상에 잠기다', '실현할 수 없는 계획을 세우다'라는 뜻의 관용어입니다. 영어에는 이런 관용어가 많습니다. 관용어를 많이 알아두면 유창한 영어를 구사할 수 있습니다.
문장 해석: 백일몽을 꾸면서 소중한 시간을 낭비하지 마십시오.

2. Always plan ahead _____ writing down a list of what you need to do the next day.
　(a) in　　　(b) by　　　(c) with　　　(d) for

정답: (b) by

'by ~ing'는 '~함으로써'라는 표현입니다. 유용한 표현이므로 반드시 알아둡시다.
문장 해석: 다음날 무엇을 할 필요가 있는지에 대한 목록을 작성함으로써 항상 미리 계획을 세우십시오.

3. Sleep before midnight _____ get up early in the morning.
　(a) and　　　(b) but　　　(c) or　　　(d) so

정답: (a) and

sleep before midnight(자정 전에 잠자리에 들다)과 get up early in the morning(아침에 일찍 일어나다)이라는 두 가지 의미를 가장 잘 연결시켜 줄 수 있는 말은 and입니다.
문장 해석: 밤 12시 전에 잠자리에 들고 아침 일찍 일어나십시오.

4. _____ you skip breakfast all the time, you will eventually lose your health.
　(a) If　　　(b) That　　　(c) What　　　(d) Although

정답: (a) If

skip breakfast all the time(항상 아침식사를 거르다)하면 you will eventually lose your health(결국에는 건강을 잃게 될 것이다)라는 결과를 가져온다는 뜻이므로 가장 알맞은 말은 If입니다.

문장 해석: 항상 아침식사를 거르면 결국에는 건강을 잃게 될 것입니다.

5. Try _____ physically fit by working out a little bit.
   (a) stay   (b) stays   (c) staying   (d) to stay

정답: (d) to stay

'try to ~'는 '~하려고 애쓰다, 노력하다'라는 뜻이며, 어떤 일을 시도하는데 의지를 가지고 해보다라는 뉘앙스를 가지고 있습니다. 따라서 문장의 의미상 to stay가 정답입니다.

문장 해석: 운동을 조금씩 함으로써 육체적인 건강을 유지하기 위해 노력하십시오.

Part B 정답 및 풀이

1. Do you want <u>spend</u> your time wisely?

정답: spend → to spend

'want to 부정사'라는 기본형식을 알고 있으면 쉽게 풀 수 있는 문제입니다.

문장 해석: 여러분은 시간을 현명하게 사용하기를 원하십니까?

2. Read books <u>learn</u> more about what is going on around the world.

정답: learn → to learn

'~에 대해서 더 많은 것을 배우기 위해서 독서를 하다'라는 의미이므로 to부정사형태를 취하는 것이 좋습니다.

문장 해석: 세상 이곳저곳에서 일어나는 일들에 대해서 배우기 위해서 책을 읽으십시오.

3. We need to read newspapers in order to <u>keep up with the time</u>.

> 정답: keep up with the time → keep up with the times
> 'keep up with the times'는 '시대(현실)에 발맞추다'라는 뜻이며 time은 복수형인 times가 되어야 합니다. 'in order to ~'는 '~하기 위해서'라는 말입니다.
> 문장 해석: 우리는 시대에 발맞추기 위해서 신문을 읽을 필요가 있습니다.

Part C 샘플 답변 및 해설

1. Are you a morning type of person or a night type of person?
   (여러분은 아침형 인간입니까 아니면 저녁형 인간입니까?)

Sample Short Answers(샘플 답변)
   Person A: I am a morning type of person. I always wake up early in the morning and work out. I never skip breakfast in order to stay healthy.
   (저는 아침형 인간입니다. 저는 항상 아침에 일찍 일어나서 운동을 합니다. 건강을 유지하기 위해서 아침은 절대로 거르지 않습니다.)
   Person B: I guess I am a night type of person. I function better at night when things are quiet. Some people prefer to work at night because there are fewer distractions.
   (저는 저녁형 인간이라고 생각합니다. 저는 모든 것이 조용한 밤에 더 능률적으로 일합니다. 몇몇 사람들은 밤에 일하는 것을 선호합니다. 왜냐하면 집중을 방해하는 요소가 줄어들기 때문입니다.)

2. How many hours a day do you usually sleep?
   Do you also take a nap?
   (하루에 주로 몇 시간 잠을 잡니까? 낮잠도 잡니까?)

Sample Short Answers(샘플 답변)
   Person A: I usually sleep for about eight hours a day. I sometimes take a

nap between classes. I need to make up for lost sleep.
(저는 대개 하루에 약 여덟 시간 정도 잠을 잡니다. 때때로 공강 시간에 낮잠을 자기도 합니다. 잃어버린 잠을 보충할 필요가 있습니다.)

Person B: I sleep for about seven or eight hours a day. However, I only sleep three hours these days. I have a big test next week.
(저는 하루에 일곱 시간 내지 여덟 시간 잠을 잡니다. 하지만 요즈음에는 세 시간밖에 자질 않습니다. 다음 주에 큰 시험이 있습니다.)

3. Do you sometimes skip breakfast?(때때로 아침을 거릅니까?)
   If so, when do you skip breakfast?
   (그렇다면 언제 아침을 거릅니까?)
   Why do you skip breakfast?(왜 아침식사를 거릅니까?)

A Sample Answer(샘플 답변)

Person A: I never skip breakfast. If I skip breakfast, I'll be so hungry from this that I'll overeat later in the day. This is not good for my health.
(저는 절대로 아침식사를 거르지 않습니다. 아침식사를 거르면 그것으로 인해서 배가 너무 고프게 되어서 나중에 과식을 하게 될 것입니다. 이것은 저의 건강에 좋지 않습니다.)

Person B: I always get up late in the morning. That's why I usually skip breakfast. I don't go to sleep until one or two o'clock in the morning because I have a lot of work to do.
(저는 항상 아침에 늦게 일어납니다. 그게 바로 제가 대개 아침식사를 거르는 이유입니다. 저는 할 일이 많아서 새벽 1시나 2시가 되어서야 취침을 합니다.)

4. How often do you work out?(얼마나 자주 운동을 하십니까?)

A Sample Answer(샘플 답변)

I work out three or four times a week. I hike up the mountains, go swimming, and run around my neighborhood.

(저는 일주일에 서너 번 운동을 합니다. 등산을 하고 수영을 하며 동네 주위를 뜁니다.)

5. What do you usually do to stay fit?
   (건강을 유지하기 위해서 주로 무엇을 하십니까?)

A Sample Answer(샘플 답변)

I try to avoid eating processed food. I eat a lot of fruit and vegetables to stay healthy. I also work out at the fitness center everyday.
(저는 가공식품을 피하기 위해 노력하고 있습니다. 저는 건강을 유지하기 위해서 과일과 채소를 많이 먹습니다. 그리고 또 매일 헬스장에 가서 운동을 합니다.)

25. Are you looking for a job?

Hundreds of job applicants and prospective employees go to job interviews. But not many of them get what they really want. They try again, but the result is the same. And they get disappointed and frustrated. Some people go to job interviews as many as five hundred times.

People who have higher degrees such as master's or doctoral degrees also have difficulty finding decent jobs. We need to put ourselves in their shoes. We should think about why millions of job seekers aren't getting hired and come up with ideas on how to solve this social problem.

Those who are responsible for this should take a drastic action to do something about it. They need to study what other nations are doing to cope with this problem and learn from them. I think it's about time that we took a moment and thought deeply about this.

Part A: Choose the best answer to fill in the blank.

1. Some people go to job interviews as _____ as five hundred times.
   (a) much   (b) good   (c) many   (d) well

2. There are a lot of people who have higher degrees _____ master's or doctoral degrees.

(a) because of (b) in other words
(c) according to (d) such as

3. We should take a drastic action _____ something about it.
   (a) do   (b) does   (c) doing   (d) to do

4. They need to study what other nations are doing to cope _____ this problem.
   (a) with   (b) at   (c) for   (d) upon

5. It is not easy to get a good job in this highly _____ world.
   (a) compete   (b) competing
   (c) competitive   (d) competition

Part B. Answer the following questions in English.

1. Why do you think it is so hard to get a job these days?

2. Are you well prepared for an English interview?

3. What do you want to be in the future?

4. What are you going to do after graduation?

5. Do you work part time? Where do you work part time?

6. Do you want to work in Korea or overseas? Why?

7. What do you want to do with your first paycheck?

직장을 구하고 있나요?

 수백 명의 구직자와 예비 직장인들이 면접을 보러 갑니다. 하지만 원하는 것을 얻는 사람은 그리 많지 않습니다. 그들은 다시 시작하지만 그 결과는 똑같습니다. 그리고 그들은 실망을 하고 좌절감을 느낍니다. 몇몇 사람들은 오백 번이나 면접을 보러 갑니다.

 석사나 박사학위와 같은 더 높은 학위를 가지고 있는 사람들 역시 괜찮은 일자리를 구하기가 쉽지 않습니다. 우리는 그들의 입장이 되어 볼 필요가 있습니다. 우리는 왜 수백만 명의 구직자들이 직장을 구하지 못하는지에 대해서 생각을 하고 이 사회적인 문제를 어떻게 해결할 것인지에 대한 아이디어를 생각해 내야 합니다.

 이 문제에 대한 책임이 있는 사람들은 이 문제를 해결하기 위해 과감한 행동을 취해야 합니다. 그들은 다른 나라들이 이런 문제에 어떻게 대처하는지를 연구해야 하며 이들로부터 배워야 합니다. 우리는 이제 이러한 구직문제에 대해서 시간을 내어서 깊게 생각할 때가 되었다고 봅니다.

Part A 정답 및 풀이

1. Some people go to job interviews as _____ as five hundred times
   (a) much   (b) good   (c) many   (d) well

정답: (c) many
 '오백 번만큼이나 많이'라는 뜻이므로 many가 정답입니다.

문장 해석: 몇몇 사람들은 오백 번이나 면접을 보러 갑니다.

2. There are a lot of people who have higher degrees _____ master's or doctoral degrees.
   (a) because of (b) in other words
   (c) according to (d) such as

정답: (d) such as
'~ 와 같은'이라는 뜻으로 'such as'가 잘 쓰입니다. 이 표현을 알고 있으면 쉽게 풀 수 있는 문제입니다. 'a master's degree'는 '석사학위'라는 말이며 '박사학위'는 영어로 'a doctoral degree'라고 합니다.
문장 해석: 석사나 박사학위와 같은 더 높은 학위를 가지고 있는 사람들이 많이 있습니다.

3. We should take a drastic action _____ something about it.
   (a) do (b) does (c) doing (d) to do

정답: (d) to do
'~ 하기 위해서'를 표현하기 위해 to 부정사 구문을 사용한 문장입니다. 'take action'은 '~에 대해서 조치를 취하다'라는 표현입니다.
문장 해석: 우리는 그것에 대해 무엇인가를 하기 위해서 과감한 행동을 취해야 합니다.

4. They need to study what other nations are doing to cope _____ this problem.
   (a) with (b) at (c) for (d) upon

정답: (a) with
'~ 에 대처하다'라는 표현은 영어로 주로 'cope with~'라고 합니다. 이와 비슷한 표현으로는 'deal with~'가 있습니다.
문장 해석: 그들은 다른 나라들이 이런 문제에 어떻게 대처하는지 연구할 필요가 있습니다.

5. It is not easy to get a good job in this highly _____ world.
   (a) compete   (b) competing   (c) competitive   (d) competition

정답: (c) competitive
world라는 명사를 앞에서 수식해 줄 수 있는 것은 competitive라는 형용사입니다.
문장 해석: 이런 경쟁이 심한 세상에서 좋은 직장을 구하는 것은 쉬운 일이 아닙니다.

Part B 샘플 답변 및 해설

1. Why do you think it is so hard to get a job these days?
   요즈음 직장을 구하기가 어려운 이유가 무엇이라고 생각합니까?)

   Sample Short Answers(샘플 답변)
   Person A: I think the reason why it is so difficult to get a job is that there are not many job positions available.
   (직장을 구하기가 어려운 이유는 일자리가 많이 없기 때문이라고 생각합니다.)
   Person B: Too many people want to work for big companies. But these big companies have a limited number of job openings. That's why the job market is always competitive.
   (너무나 많은 사람이 대기업에서 일하기를 원합니다. 하지만 이런 대기업들은 일자리가 한정되어 있습니다. 그래서 인력시장은 항상 경쟁이 치열한 것입니다.)

2. Are you well prepared for an English interview?
   (영어면접을 할 준비가 잘 되어있습니까?)

   A Sample Answer(샘플 답변)
   Yes, I am well prepared for an English interview. I know how to tell others about myself in English. I am a member of an English discussion club. I enjoy speaking English.

(그렇습니다. 저는 영어면접을 할 준비가 잘 되어있습니다. 저는 다른 사람들에게 영어로 자기소개를 할 수 있습니다. 저는 영어토론 동아리의 회원입니다. 영어로 말하는 것을 즐깁니다.)

3. What do you want to be in the future?
   (미래에 어떤 사람이 되고 싶습니까?)

A Sample Answer(샘플 답변)
   I want to be a person who sets a good example for others. I want to show the world that we all have a purpose in life and that we all have unique talents and abilities.
   (저는 다른 사람들에게 모범이 되는 사람이 되고 싶습니다. 저는 우리 모두가 인생에서 삶의 목적이 있으며 각자가 독특한 재능과 능력이 있다는 것을 세상 모든 사람들에게 보여주고 싶습니다.)

4. What are you going to do after graduation?
   (졸업 후에 무엇을 할 예정입니까?)

Sample Short Answers(샘플 답변)
   Person A: I want to work for an international trade company.
             (저는 국제 무역 회사에서 근무하고 싶습니다.)
   Person B: I want to start my own business.
             (저는 사업을 시작하고 싶습니다.)

5. Do you work part time? Where do you work part time?
   (아르바이트를 하십니까? 어디에서 일합니까?)

Sample Short Answers(샘플 답변)
   Person A: Yes, I do. I work part time at a restaurant in downtown.

(예, 그렇습니다. 저는 시내에 있는 레스토랑에서 아르바이트를 합니다.)
Person B: I used to work part time at a convenience store.
(저는 편의점에서 아르바이트를 한 적이 있습니다.)

6. Do you want to work in Korea or overseas? Why?
(한국에서 일하기 원하십니까 아니면 해외에서 일하기 원하십니까? 그 이유는 무엇입니까?)

Sample Short Answers(샘플 답변)
Person A: I want to work in Korea. I am the oldest son in my family. I want to take care of my parents when they get old.
(저는 한국에서 근무하고 싶습니다. 저는 장남입니다. 부모님들께서 나이가 드시면 돌보아드리고 싶습니다.)
Person B: I would like to work overseas. I want to experience new cultures and customs. I also want to make friends with foreigners.
(저는 해외에서 근무하고 싶습니다. 새로운 문화와 관습을 경험하고 싶습니다. 그리고 외국인 친구들도 사귀고 싶습니다.)

7. What do you want to do with your first paycheck?
(첫 월급으로 무엇을 하기 원하십니까?)

Sample Short Answers(샘플 답변)
Person A: I want to buy gifts for my parents.
(저는 부모님들께 선물을 사드리고 싶습니다.)
Person B: I want to take my family out to dinner.
(저는 가족과 함께 외식을 하고 싶습니다.)

26. Let's go shopping!

When you go shopping, always plan ahead. Before you leave home, take discount coupons with you if you have any. Make sure how much money you are going to spend. And be wise when you use your credit cards. Otherwise, you will be in such a great debt that you will find yourself having a hard time paying your credit card bills. Don't be a victim of compulsive spending. Make a shopping list and do not buy things that are not necessary. Money doesn't grow on trees.

It is always a good idea to shop around even though it takes more time shopping. Sometimes you will be surprised to find out that some of the same goods or products are sold at different prices at different stores. Don't always look for things that are expensive. High prices don't mean that the quality of the goods is always better than that of less expensive ones. So, be a wise shopper. And you will enjoy your shopping.

Part A. Choose the best answer to fill in the blank.

1. When you go shopping, always plan _____.
    (a) ago   (b) before   (c) ahead   (d) about

2. Take discount coupons with you _____ you have any.

(a) if   (b) that   (c) what   (d) even though

3. _____ sure how much money you are going to spend.
   (a) Make   (b) Makes   (c) Making   (d) To make

4. Be wise when you use your credit cards. _____, you will be in a great debt.
   (a) In other words   (b) On the other hand
   (c) Otherwise   (d) For example

5. It is always a good idea to shop around _____ it takes more time shopping.
   (a) whenever   (b) even though
   (c) whatever   (d) how

Part B. Rewrite the underlined word or phrase correctly.

1. You will be <u>surprising</u> to find out that they are so expensive.

2. Don't always look for things that <u>is</u> expensive.

3. High prices don't mean that the quality of the goods <u>are</u> always good.

Part C. Answer the following questions in English.

1. Do you usually buy the first thing you see, or do you shop around? Why or why not?

2. Where do you usually go shopping?

3. Do you go shopping alone or with your friends?

4. How often do you go shopping?

5. What are the main differences between small scale retail stores and big discount stores?

6. What do you think is the best way to advertise?

7. Are men and women different when it comes to shopping?

8. What do you think of online shopping?

9. What do you think of the use of credit cards?

10. Describe your favorite shopping center.

쇼핑하러 갑시다!

쇼핑할 때는 항상 미리 계획하세요. 할인쿠폰이 있다면 집을 나서기 전에 챙기세요. 얼마만큼 소비할 것인지 확실히 정해두세요. 그리고 신용카드를 사용할 경우 지혜롭게 행동하세요. 그렇지 않으면 큰 빚을 지게 되어 신용카드 청구서의 거래대금을 지불하느라 힘겨운 시간을 보내게 될 것입니다. 강박적 소비의 희생자가 되지 마세요. 쇼핑리스트를 작성하고 불필요한 물건은 구매하지 마세요. 돈은 그렇게 쉽게 생기는 것이 아닙니다.

시간이 더 들더라도 이곳저곳을 둘러보는 것이 항상 좋습니다. 때때로 여러분들은 몇몇 동일한 상품과 제품들이 가게에 따라서 서로 다른 가격에 판매가 된다는 것을 알고 놀라실 것입니다. 항상 비싼 것만을 찾지는 마십시오. 가격이 더 비싸다고 해서 반드시 그 상품의 품질이 덜 비싼 제품보다 더 좋은 것은 아닙니다. 그래서 현명한 구매자가 되십시오. 그러면 쇼핑을 즐기게 될 것입니다.

Part A 정답 및 풀이

1. When you go shopping, always plan _____.
   (a) ago   (b) before   (c) ahead   (d) about

   정답: (c) ahead
   '미리 계획하다'는 영어로 'plan ahead'라고 합니다.
   문장 해석: 쇼핑을 할 때에는 항상 미리 계획하세요.

2. Take discount coupons with you _____ you have any.
   (a) if   (b) that   (c) what   (d) even though

정답: (a) if
문장 끝 any 다음에 discount coupons가 생략되었습니다. 따라서 문장 의미상 if가 필요합니다. 'even though'는 '비록 ~일지라도'라는 표현입니다.
문장 해석: 할인쿠폰이 있다면 챙겨가세요.

3. _____ sure how much money you are going to spend.
   (a) Make   (b) Makes   (c) Making   (d) To make

정답: (a) Make
'make sure'는 '~을 확실히 하다'라는 표현입니다.
문장 해석: 얼마만큼 소비할 것인지 확실히 정해두세요.

4. Be wise when you use your credit cards. _____, you will be in a great debt.
   (a) In other words   (b) On the other hand
   (c) Otherwise   (d) For example

정답: (c) Otherwise
두 문장, 즉 Be wise ~ credit cards와 you will ~ a great debt을 연결시켜주는 가장 알맞은 말은 otherwise(그렇지 않으면)입니다. 참고로 'In other words'는 '다시 말해서', 'On the other hand'는 '반면에, 다른 한편으로는'이라는 뜻이며, 'For example'은 '예를 들어서'라는 표현입니다.
문장 해석: 신용카드를 사용할 경우 지혜롭게 행동하세요. 그렇지 않으면 큰 빚을 지게 될 것입니다.

5. It is always a good idea to shop around _____ it takes more time

shopping.

(a) whenever (b) even though (c) whatever (d) how

정답: (b) even though

'It is a good idea to shop around'(물건을 사기위해 이곳저곳을 둘러보는 것은 좋은 생각이다) 와 'it takes more time shopping'(쇼핑을 하는데 더 많은 시간이 걸린다)라는 두 문장을 연결시켜줄 수 있는 가장 알맞은 표현은 even though(비록 ~일지라도)입니다.
문장 해석: 시간이 더 들더라도 이곳저곳을 둘러보는 것이 항상 좋습니다.

Part B 정답 및 풀이

1. You will be <u>surprising</u> to find out that they are so expensive.

정답: surprising → surprised

'놀라게 될 것'이라는 수동의 의미이므로 과거완료형태인 surprised가 알맞은 형태입니다.
문장 해석: 그 물건들이 너무 비싸다는 것을 알고 놀라게 될 것입니다.

2. Don't always look for things that <u>is</u> expensive.

정답: is → are

선행사 things가 복수이므로 알맞은 동사의 형태는 are입니다. 이 문장은 always가 부정어 (not)과 결합해서 부분부정의 의미를 내포하고 있습니다.
문장 해석: 항상 값비싼 물건만을 찾지는 마십시오.

3. High prices don't mean that the quality of the goods <u>are</u> always good.

정답: are → is

that절 이하의 주어는 the quality of the goods입니다. 그리고 핵심주어는 the quality로서 단수이므로 알맞은 동사는 is입니다.
문장 해석: 가격이 비싸다고 해서 반드시 그 상품의 품질이 항상 좋다는 것은 아닙니다.

Part C 샘플 답변 및 해설 ─────────────

1. Do you usually buy the first thing you see, or do you shop around? Why or why not?
   (눈에 보이는 첫 물건을 구입하십니까 아니면 쇼핑을 하기 위해서 이곳저곳을 둘러보십니까? 그렇다면 왜 그런지요? 그렇지 않다면 그 이유가 무엇인지요?)

   Sample Short Answers(샘플 답변)
   Person A: I like shopping around because I can have a better deal.
   (저는 이곳저곳을 둘러보면서 쇼핑하는 것을 좋아합니다. 왜냐하면 더 나은 가격에 물건을 구매할 수 있기 때문입니다.)
   Person B: I enjoy window shopping. It is fun to look around at all the new products on display.
   (저는 아이쇼핑을 즐깁니다. 전시되어 있는 모든 새로운 제품들을 둘러보는 것은 재미있습니다.)
   Person C: I usually buy things on the spur of the moment. I think I am a compulsive shopper.
   (저는 대개 충동적으로 물건을 구매합니다. 저는 제가 강박적인 쇼핑객이라고 생각합니다.)

2. Where do you usually go shopping?
   (주로 어디로 쇼핑을 하러 가십니까?)

   Sample Short Answers(샘플 답변)
   Person A: I usually go to department stores or discount stores such as E-Mart or HomePlus.
   (저는 주로 백화점이나 이마트나 홈플러스와 같은 할인점에 갑니다.)
   Person B: Local shopping centers and malls are perfect places to get a good workout because walking is one of the most effective forms of exercise.
   (지역 쇼핑센터나 쇼핑몰은 운동을 하기에 더할 나위 없이 좋은 장소입니다.

왜냐하면 걷기는 가장 효과적인 운동 중 하나이기 때문입니다.)

3. Do you go shopping alone or with your friends?
   (혼자 쇼핑을 가십니까 아니면 친구들과 함께 쇼핑을 가십니까?)

A Sample Answer(샘플 답변)
   I enjoy shopping with my friends. After shopping, we usually have dinner together at a nice restaurant.
   (저는 친구들과 함께 쇼핑하는 것을 즐깁니다. 쇼핑을 한 다음에 저희는 주로 멋진 레스토랑에서 저녁식사를 합니다.)

4. How often do you go shopping?
   (얼마나 자주 쇼핑을 하십니까?)

Sample Short Answers(샘플 답변)
   Person A: I usually go shopping once or twice a week.
   (저는 일주일에 한두 번 정도 쇼핑을 갑니다.)
   Person B: I go shopping whenever I have free time because I enjoy shopping. Shopping relieves stress and anxiety.
   (저는 시간이 되면 언제든지 쇼핑을 갑니다. 왜냐하면 저는 쇼핑을 즐기기 때문입니다. 쇼핑은 스트레스와 불안을 해소시켜 줍니다.)

5. What are the main differences between small scale retail stores and big discount stores?
   (쇼핑할 때 소규모 소매점과 대규모 할인점 사이의 큰 차이점은 무엇입니까?)

Sample Short Answers(샘플 답변)
   Person A: When I am busy, I usually stop by small and medium sized grocery stores to buy the things that I need. But on weekends, when I am

less busy, I often go to big discount stores.
(저는 바쁠 때는 주로 제가 필요한 물건을 구입하기 위해서 소규모나 중간규모의 식료품가게에 들립니다. 하지만 제가 좀 덜 바쁜 주말에는 저는 주로 대규모 할인점에 갑니다.)

Person B: I think there is not much difference between small and medium sized grocery stores and big discount stores. Things that are sold at smaller stores are also reasonably priced.
(소규모나 중간규모의 식료품 가게와 대규모 할인점 사이에는 그다지 큰 차이가 없다고 생각합니다. 규모가 좀 더 작은 가게에서 판매되는 물건들도 적당한 가격입니다.)

6. What do you think is the best way to advertise?
   (광고를 하는 가장 좋은 방법은 무엇이라고 생각하십니까?)

A Sample Answer(샘플 답변)

I think the best way to advertise is to create a website. People use computers all the time these days. As you know, almost every computer is connected to the Internet. There are a growing number of people who surf the Internet to buy things online.
(제 생각에 광고하는 가장 좋은 방법은 웹사이트를 만드는 것이라고 봅니다.
요즈음 사람들은 컴퓨터를 계속 사용합니다. 아시다시피, 거의 모든 컴퓨터들은 인터넷에 연결되어 있습니다. 온라인상으로 물건을 구입하기 위해서 인터넷을 검색하는 사람들의 수가 증가하고 있습니다.)

7. Are men and women different when it comes to shopping?
   (쇼핑에 관해서 남성과 여성은 서로 다른가요?)

A Sample Answer(샘플 답변)

I guess men usually spend less time shopping. On the other hand, women spend hours shopping around. Women seem to enjoy shopping more than men.

(남성분들은 쇼핑을 하는 데 대개 여성분들보다는 시간을 덜 소비합니다. 반면에 여성분들은 물건을 구매하기 위해서 이곳저곳을 돌아보면서 많은 시간을 보냅니다. 여성분들이 남성분들 보다 쇼핑을 하는 것을 더 즐기는 것처럼 보입니다.)

8. What do you think of online shopping?
   (온라인쇼핑에 대해서 어떻게 생각하십니까?)

A Sample Answer(샘플 답변)

It saves time and energy because I don't have to drive to the stores. I can buy the things that I need by using computers at home.
(직접 가게까지 운전을 하지 않아도 되어서 시간과 에너지를 절약할 수 있습니다. 가정에서 컴퓨터를 이용해서 필요한 물건을 구입할 수 있습니다.)

9. What do you think of the use of credit cards?
   (신용카드의 사용에 대해서 어떻게 생각하십니까?)

A Sample Answer(샘플 답변)

I think it is much more convenient than using cash. But I should be careful not to overuse my credit cards.
(현금을 사용하는 것보다는 훨씬 더 편리한 것 같습니다. 하지만 신용카드를 남용하지 않기 위해서 조심해야 합니다.)

10. Describe your favorite shopping center.
    (가장 선호하는 쇼핑센터에 대해서 말해보세요.)

A Sample Answer(샘플 답변)

My favorite shopping center is located in downtown. I usually go there with my family on weekends. It is a good place to go window shopping.
(제가 가장 선호하는 쇼핑센터는 시내에 위치해 있습니다. 저는 대개 주말에 가족들과 함께

그곳에 갑니다. 물건을 둘러보기에 좋은 장소입니다.)

27. How do you commute to work?

How do you commute to work? Do you drive to work? Do you go to work by bus or by subway? Some people prefer to drive to work. However, once they are on the road, they get stressed because of the traffic congestions during rush hours. You probably have experienced the same thing. Sometimes driving to work can be more stressful than using public transportation for a number of reasons.

Most accidents occur when you do not concentrate on driving. Talking on the phone while driving can cause traffic accidents. You cannot eat or send text messages when you are behind the wheel. If you are distracted while driving, you may get into a big trouble.

Gas prices may go up anytime because of the lack of natural resources. This will burden you financially. Therefore, think of some of the benefits you can get by using public transportation. I'm sure you can come up with a lot of good ideas.

Part A. Choose the best answer to fill in the blank.

1. People get _____ because of the traffic congestions.
 (a) stress (b) stresses (c) stressing (d) stressed

2. Most accidents _____ when you do not concentrate on driving.
   (a) occur   (b) occurs   (c) occurring   (d) occurred

3. Talking on the phone _____ driving can cause traffic accidents.
   (a) if   (b) even   (c) while   (d) whether

4. _____, gas prices are on the rise because of the lack of natural resources.
   (a) Last week   (b) These days   (c) In the end   (d) In the future

5. Think of some of the benefits you can get by _____ public transportation.
   (a) use   (b) uses   (c) using   (d) to use

Part B. Rewrite the underlined word or phrase correctly.

1. People get stressed <u>because</u> the traffic jams during rush hours.

2. <u>Use</u> public transportation will help you save a lot of money.

3. You can read <u>newspaper</u> on the subway.

4. Do you <u>prefer drive</u> to work or use public transportation?

Part C. Answer the following questions in English.

1. How do you commute to work?

2. What may cause traffic accidents? Why do you think so?

3. What are some of the advantages of driving to work?

4. What are some of the advantages of using public transportation?

어떻게 출근하십니까?

어떻게 출근하십니까? 자가용으로 출근합니까? 버스나 지하철을 이용합니까? 몇몇 사람은 자가용으로 출근하는 것을 선호합니다. 하지만 일단 차를 몰고 거리에 나가게 되면 러시아워 동안에 생기는 교통체증으로 스트레스를 받습니다. 여러분도 아마 이와 비슷한 경험을 하셨을 것입니다. 때때로 대중교통수단을 이용하는 것보다 자가용으로 출근하는 것이 여러 가지 많은 이유로 더 스트레스를 유발할 수 있습니다.

대부분의 사고는 운전에 집중하지 않을 때 발생합니다. 운전 중에 휴대폰을 사용하는 것은 교통사고를 일으킬 수 있습니다. 운전 중에 먹거나 휴대전화로 문자메시지를 보낼 수는 없습니다. 운전 중에 한눈을 팔게 되면 매우 곤란한 상황에 빠지게 될 것입니다.

천연자원의 부족으로 인해서 자동차 연료가격은 언제든지 오를 수 있습니다. 이것은 여러분에게 금전적인 부담을 줄 것입니다. 그래서 대중교통수단을 이용함으로써 얻을 수 있는 혜택에 대해서 생각해 보십시오. 많은 좋은 아이디어가 떠오를 것이라 확신합니다.

Part A 정답 및 풀이 ─────────────────────

1. People get _____ because of the traffic congestions.
    (a) stress   (b) stresses   (c) stressing   (d) stressed

정답: (d) stressed

'스트레스에 시달리다' 혹은 '스트레스를 받다'는 영어로 'get stressed'와 같이 표현할 수 있습니다. 다른 예로는 'get paid(급여를 받다)', 'get involved(관여하다)', 그리고 'get married(결혼하다)' 등이 있습니다.
문장 해석: 사람들은 교통체증 때문에 스트레스를 받습니다.

2. Most accidents _____ when you do not concentrate on driving.
   (a) occur   (b) occurs   (c) occurring   (d) occurred

정답: (a) occur
주어가 Most accidents이며 시제가 현재이므로 알맞은 동사의 형태는 occur입니다.
문장 해석: 대부분의 사고는 운전에 집중하지 않을 때 발생합니다.

3. Talking on the phone _____ driving can cause traffic accidents.
   (a) if   (b) even   (c) while   (d) whether

정답: (c) while
'운전하는 동안에' 혹은 '운전 중에'라고 해야 문장의 의미가 맞습니다. 따라서 '~ 하는 동안에'라는 의미를 가진 while이 가장 알맞습니다.
문장 해석: 운전 중에 휴대폰을 사용하는 것은 교통사고를 일으킬 수 있습니다.

4. Gas prices may go up _____ because of the lack of natural resources.
   (a) finally   (b) anytime   (c) always   (d) rarely

정답: (b) anytime
문장의 의미상 anytime(언제든지)가 가장 어울리는 표현입니다. 참고로 'finally'는 '마침내' 그리고 'rarely'는 '거의 ~ 않다'라는 뜻입니다.
문장 해석: 천연자원의 부족으로 인해서 자동차연료가격은 언제든지 오를 수 있습니다.

5. Think of some of the benefits you can get by _____ public transportation.
   (a) use   (b) uses   (c) using   (d) to use

정답: (c) using
'by ~ing'는 '~함으로써'라는 표현입니다.
문장 해석: 대중교통수단을 이용함으로써 얻을 수 있는 혜택에 대해서 생각해 보십시오.

Part B 정답 및 풀이

1. People get stressed <u>because</u> the traffic jams during rush hours.

정답: because → because of
because 다음에는 절이 because of 다음에는 명사나 명사구가 옵니다. the traffic jams라는 명사구가 있으므로 because of가 맞습니다.
문장 해석: 사람들은 러시아워 동안에 생기는 교통체증으로 인해서 스트레스를 받습니다.

2. <u>Use</u> public transportation will help you save a lot of money.

정답: Use → Using
문장의 주어가 되려면 use가 아니라 using이 알맞습니다. 이 경우 using은 동명사로서 그 뒤에 오는 public transportation을 목적어로 취합니다. 동명사는 문장에서 주어자리에 올 수 있으며 동사원형에 ~ing를 붙인 형태를 취합니다.
문장 해석: 대중교통수단을 사용하면 많은 액수의 돈을 절약할 수 있을 것입니다.

3. You can read <u>newspaper</u> on the subway.

정답: newspaper → newspapers
newspaper는 셀 수 있는 명사이므로 그 앞에 부정관사를 취하거나 복수형이 되어야 합니다. 부정관사를 취해서 'a newspaper'라고 하면 '어떤 신문 한 가지'를 의미하므로 어색한

표현이 됩니다. 신문은 여러 가지 종류가 있으므로 가정 적합한 형태는 복수형인 newspapers입니다.

문장 해석: 여러분은 지하철을 타면서 신문을 볼 수 있습니다.

4. Do you <u>prefer drive</u> to work or use public transportation?

정답: prefer drive → prefer to drive

prefer는 부정사와 동명사 모두를 목적어로 취할 수 있는 동사입니다. 이 문장의 경우 부정사를 목적어로 취해서 prefer to drive(운전하는 것을 선호하다)라고 하면 자연스러운 표현이 될 수 있습니다. 버스와 지하철과 같은 '대중교통수단'은 영어로 'public transportation'이라고 한다는 것을 반드시 알아두도록 합시다.

문장 해석: 여러분은 자가용으로 출근하는 것을 선호하십니까? 아니면 대중교통수단을 이용하는 것을 선호하십니까?

Part C 샘플 답변 및 해설

1. How do you commute to work?
   (어떻게 출근을 하십니까?)

   Sample Short Answers(샘플 답변)
   Person A: I usually take the bus or the subway to work. If I use public transportation, I can save some money. Sometimes I take a taxi when I am late for work.
   (저는 대개 버스나 지하철을 타고 출근합니다. 대중교통수단을 이용하면 어느 정도 돈을 절약할 수 있습니다. 때때로 출근시간에 늦을 때 택시를 이용하기도 합니다.)
   Person B: I usually drive to work. If I use public transportation, it takes longer than driving to work because I have to change buses. But when it snows a lot during the winter, I prefer to take the bus because it is much safer than driving to work.
   (저는 보통 자가용을 이용해서 출근을 합니다. 대중교통수단을 이용하게 될

경우 버스를 갈아타야 하므로 자가용을 이용하는 것보다 시간이 더 많이 걸립니다. 하지만 겨울에 눈이 많이 오면 버스를 이용하는 것을 더 선호합니다. 자가용을 이용해서 출근하는 것보다 훨씬 더 안전하기 때문입니다.)

2. What may cause traffic accidents? Why do you think so?
   (무엇이 교통사고를 일으킬 수가 있습니까? 왜 그렇게 생각하십니까?)

   Sample Short Answers(샘플 답변)
   Person A: Talking on the phone or sending text messages while driving can cause traffic accidents. It distracts drivers from concentrating on driving.
   (운전 중에 전화로 이야기를 하거나 문자를 보내면 사고가 날 수 있습니다. 그것은 운전자가 운전하는 데 집중을 할 수 없도록 산만하게 합니다.)
   Person B: Some people drive under the influence of alcohol. If they drink and drive, they may get into a big trouble. They may end up behind bars.
   (몇몇 사람은 술에 취한 상태에서 운전을 합니다. 술을 마시고 운전을 하면 매우 큰 곤란에 처하게 될 수도 있습니다. 감옥에 가게 될 수도 있습니다.)

3. What are some of the advantages of driving to work?
   (자가용을 타고 출근함으로써 가질 수 있는 이점은 어떤 것이 있습니까?)

   Sample Short Answers(샘플 답변)
   Person A: It is much more convenient than using public transportation because I don't have to wait for the bus or the train. On top of that, I can always stop by a convenience store or a discount shopping mall when I need something to buy.
   (대중교통수단을 이용하는 것보다 훨씬 더 편리합니다. 왜냐하면 버스나 지하철을 타기 위해서 기다릴 필요가 없기 때문입니다. 게다가, 구입할 물건이 필요할 때는 언제든지 편의점이나 할인마트에 들릴 수가 있습니다.)
   Person B: I just enjoy driving. I can have more privacy if I drive to work. I can always sing along to my favorite songs while driving.

(저는 운전을 즐깁니다. 운전을 하게 되면 더 많은 프라이버시를 가질 수가 있습니다. 저는 운전을 하면서 언제든지 제가 좋아하는 노래를 따라 부를 수가 있습니다.)

4. What are some of the advantages of using public transportation?
   (대중교통수단을 사용하면 어떤 이점이 있습니까?)

   Sample Short Answers(샘플 답변)
   Person A: If I take the subway to work, I can read newspapers or books on my way to work. I can also get to work on time because I can avoid rush hour traffic.
   (지하철을 타고 출근을 하면 출근을 하는 도중에 신문이나 책을 읽을 수 있습니다. 러시아워 동안에 생기는 교통체증을 피할 수 있으므로 정시에 출근할 수 있습니다.)
   Person B: I can put my earphones on and listen to my favorite music. I usually close my eyes while listening to music. It helps me relax.
   (이어폰을 쓰고 좋아하는 음악을 들을 수 있습니다. 저는 항상 음악을 들을 때 눈을 감습니다. 그것은 긴장을 푸는 데 도움이 됩니다.)

28. Global Warming

The earth is getting warmer and warmer. What is happening to us? Some of the major factors that contribute to global warming are the harmful emissions from cars, the waste heat generated by factories, and the excessive use of air conditioners. The climate is changing faster than ever. Global warming poses a serious threat to our health and safety. It causes all kinds of natural disasters such as droughts, hurricanes, and tornadoes.

How can we deal with all these problems? What can we do to prevent global warming from getting worse? A good idea, among others, is using public transportation. When the price of gas goes up, it becomes a better deal. Planing trees is another good idea. A single tree can absorb 21 kilograms of carbon dioxide per year. Also, we can reduce greenhouse gas emissions when we use recycled materials to produce new products.

When the earth gets warmer, the climate will change dramatically and, as a result, abnormally high temperatures will eventually affect animal habitats. For example, sea creatures that live in relatively warm waters will thrive and dominate the ocean. On the other hand, those creatures living in cold temperatures will have to look for other places to survive.

Part A. Choose the best answer to fill in the blank.

1. The earth is getting _____ than before.
   (a) warm (b) warmer (c) warming (d) to warm

2. Waste heat _____ by factories make the earth warm.
   (a) generate (b) generates (c) generating (d) generated

3. _____ the price of gas these days, it is a lot cheaper than driving to work.
   (a) Consider
   (b) Considers
   (c) Considering
   (d) Considered

4. Sea creatures that normally _____ in warm waters will thrive and dominate the ocean.
   (a) live (b) lives (c) living (d) lived

5. Those creatures _____ in cool temperatures will have to look for other places to survive.
   (a) live (b) lives (c) living (d) lived

Part B. Rewrite the underlined word or phrase correctly.

1. What can we do to prevent global warming from <u>get worse</u>?

2. A good idea, among others, is <u>use</u> public transportation.

3. The harmful emissions from cars <u>contributes</u> to global warming.

Part C. Answer the following questions in English.

1. What is global warming?

2. Talk about the major factors that cause global warming.

3. What can we do to prevent global warming from getting worse?

4. What do you think will happen to us if global warming persists?

지구 온난화

　지구는 점점 더 따뜻해지고 있습니다. 우리에게 어떤 일이 일어나는 것일까요? 지구 온난화를 일으키는 주요 원인으로는 자동차에서 나오는 해로운 배기가스, 공장에서 나오는 폐열, 그리고 에어컨의 과도한 사용입니다. 기후는 그 어느 때보다 빠르게 변하고 있습니다. 지구 온난화는 우리의 건강과 안전에 심각한 위협을 가합니다. 지구 온난화는 가뭄과 허리케인 그리고 토네이도와 같은 모든 종류의 자연재해를 일으킵니다.

　우리는 이 모든 문제들을 어떻게 대처할 수 있을까요? 지구 온난화가 악화되는 것을 막기 위해서 우리는 무엇을 할 수 있을까요? 여러 가지 좋은 아이디어 중 한 가지는 대중교통을 이용하는 것입니다. 연료가격이 오를 때는 이것은 경제적으로 더 나은 선택입니다. 나무를 심는 것은 또 다른 좋은 생각입니다. 나무 한 그루는 일 년에 약 21킬로그램의 이산화탄소를 흡수할 수 있습니다. 또한, 우리는 새로운 제품을 생산하기 위해서 재활용 재료를 사용할 때 온실가스배출을 줄일 수 있습니다.

　지구가 더 따뜻해지면 기후는 극적으로 변하게 될 것이며, 그 결과 이상고온은 궁극적으로 동물들의 서식지에 영향을 끼칠 것입니다. 예를 들어서, 비교적 따뜻한 물에 사는 바다생물들이 잘 자라게 되어 바다를 지배하게 될 것입니다. 반면에, 차가운 곳에서 사는 동물들은 생존을 위해서 다른 곳을 찾아보아야만 할 것입니다.

Part A 정답 및 풀이

1. The earth is getting _____ than before.
   (a) warm (b) warmer (c) warming (d) to warm

정답: (b) warmer
warm의 비교급이 필요한 문제입니다. 즉, than 앞에는 비교급이 필요하므로 정답은 warmer입니다.
문장 해석: 지구는 예전보다 더 따뜻해지고 있습니다.

2. The waste heat _____ by factories makes the earth warm.
   (a) generate (b) generates (c) generating (d) generated

정답: (d) generated
'~ by factories', 즉 '공장에 의해서 ~된'이라는 수동의 의미이므로 동사의 과거분사가 필요합니다. 따라서 정답은 generated입니다.
문장 해석: 공장에서 생산된 폐열은 지구의 온도를 높입니다.

3. _____ the price of gas these days, taking the bus to work is a lot cheaper than driving to work.
   (a) Consider (b) Considers (c) Considering (d) Considered

정답: (c) Considering
원래 문장은 'When we consider the price of gas these days, ~'인데, 'When we'가 생략되었으며, 동사 consider이 분사 형태인 considering으로 바뀐 경우입니다.
문장 해석: 요즈음 연료 가격을 고려해 볼 때 버스를 타고 출근하는 것이 자가용을 타고 출근하는 것보다 훨씬 비용이 적게 듭니다.

4. Sea creatures that normally _____ in relatively warm waters will thrive and dominate the ocean.
   (a) live (b) lives (c) living (d) lived

정답: (a) live

선행사가 sea creatures로서 복수이므로 수의 일치에 따라서 동사는 live가 적절합니다. 그리고 warm waters처럼 water가 복수형이 되어서 waters로 사용되는 경우도 있습니다. 이와 비슷한 예로 식당이나 레스토랑에서 물 두 잔을 주문할 때 'Two waters, please.'라고 하기도 합니다.

문장 해석: 비교적 따뜻한 물에 사는 바다생물들이 잘 자라게 되어 바다를 지배하게 될 것입니다.

5. Those creatures _____ in cold temperatures will have to look for other places to survive.
   (a) live   (b) lives   (c) living   (d) lived

정답: (c) living

'차가운 온도에서', 즉 '차가운 곳에서 살고 있는'이라는 뜻이므로 living이 적합합니다.
문장 해석: 차가운 곳에서 사는 동물들은 생존을 위해서 다른 곳을 찾아보아야만 할 것입니다.

Part B 정답 및 풀이

1. What can we do to prevent global warming from <u>get worse</u>?

정답: get worse → getting worse

from이 전치사이므로 그 뒤에는 명사나 동명사가 와야 합니다. 따라서 getting이 적합합니다.
문장 해석: 지구 온난화가 악화되는 것을 막기 위해서 우리는 무엇을 할 수 있을까요?

2. A good idea, among others, is <u>use</u> public transportation.

정답: use → using

'대중교통수단을 사용하는 것'으로 해석되므로 using이 알맞은 형태입니다.

문장 해석: 여러 가지 좋은 아이디어 중 한 가지는 대중교통을 이용하는 것입니다.

3. The harmful emissions from cars <u>contributes</u> to global warming.

정답: contributes → contribute

문장 전체의 주어는 The harmful emissions from cars이며, 핵심주어는 The harmful emissions로서 복수형이므로 이에 맞는 동사 형태인 contribute가 필요합니다.

문장 해석: 자동차로부터 나오는 해로운 배기가스는 지구 온난화를 일으킵니다.

Part C 샘플 답변 및 해설

1. What is global warming?
   (지구온난화가 무엇입니까?)

   A Sample Answer(샘플 답변)

   Global warming causes weather changes. It also affects human life. The harmful gas that is responsible for global warming is carbon dioxide, also known as CO_2.
   (지구 온난화는 날씨의 변화를 일으킵니다. 또한 지구 온난화는 인간의 삶에도 영향을 끼칩니다. 지구 온난화를 일으키는 해로운 가스는 CO_2라고도 알려진 이산화탄소입니다.)

2. Talk about the major factors that cause global warming.
   (지구 온난화를 일으키는 주요 요소에 대해서 이야기 해보세요.)

   A Sample Answer(샘플 답변)

   The earth is heating up because of too much carbon dioxide and other poisonous gases in the atmosphere. Cars, factories, and electric devices such as refrigerators and air conditioners release lots of carbon dioxide.
   (대기 중에 있는 너무 많은 양의 이산화탄소와 다른 유해한 가스 때문에 지구의 온도가 상승하고 있습니다. 자동차와 공장 그리고 냉장고와 에어컨과 같은 전기장치들은 많은 양의

이산화탄소를 배출합니다.)

3. What can we do to prevent global warming from getting worse?
   (지구 온난화가 악화되는 것을 막기 위해서 우리는 무엇을 할 수 있습니까?)

   Sample Short Answers(샘플 답변)
   Person A: Automakers should produce more fuel efficient vehicles. Electric vehicles are more environmentally friendly than other types of vehicles.
   (자동차 제조업체는 더 연료효율적인 자동차를 생산해야 합니다. 전기자동차는 다른 종류의 자동차보다 더 친환경적입니다.)
   Person B: Planting lots of trees is a good idea because trees absorb carbon dioxide. We also need to come up with ideas on how to cut down on using fossil fuels.
   (나무는 이산화탄소를 흡수하기 때문에 나무를 많이 심는 것은 좋은 생각입니다. 우리는 또한 어떻게 화석연료사용을 줄일 것인가에 대한 생각을 해볼 필요가 있습니다.)

4. What do you think will happen to us if global warming persists?
   (지구 온난화가 지속된다면 우리에게 어떤 일이 일어날 것이라고 생각합니까?)

   Sample Short Answers(샘플 답변)
   Person A: If global warming continues, the weather will change. Global warming will affect all regions around the world. It will cause the sea level to rise and the polar icecaps to melt.
   (지구 온난화가 계속된다면 날씨가 변하게 될 것입니다. 지구 온난화는 세계의 모든 지역에 영향을 끼치게 될 것입니다. 바다의 수면을 상승하게 하고 극지의 만년설을 녹게 할 것입니다.)
   Person B: If we don't do anything to stop global warming from getting worse, infectious diseases such as malaria, dengue fever, and yellow fever

will begin to spread to other parts of the world.
(지구 온난화가 더 악화되는 것을 막지 못한다면 말라리아와 뎅기열 그리고 황열병과 같은 전염병이 지구의 다른 지역으로 퍼지기 시작할 것입니다.)

29. What gives you real joy and happiness?

People say that man's desire is endless. But material abundance alone will not give you long-term satisfaction. Would you be really happy if you were a billionaire and had all you wanted? Do you think rich and famous people are always happy and excited about what they are doing?

What matters is your inner satisfaction. What do you think gives you real inner satisfaction? Are you satisfied with your life? Do you have peace of mind? What are some of the good ways to make your life better or more meaningful? How can you have real joy and happiness?

If you are looking for an answer to each of these questions, I have something to share with you. But before I do this, I would like to ask you the following question: What is the purpose of your life?

Part A. Choose the best answer to fill in the blank.

1. People say _____ man's desire is endless.
    (a) what (b) that (c) which (d) when

2. Would you be really happy if you were a billionaire and _____ all you wanted?
    (a) have (b) has (c) had (d) having

3. Are you satisfied _____ your life?
   (a) with   (b) at   (c) for   (d) in

4. I am looking _____ the meaning of my life.
   (a) at   (b) over   (c) on   (d) for

5. What do you think _____ you inner satisfaction?
   (a) give   (b) gives   (c) giving   (d) to give

Part B. Answer the following questions in English.

1. Man's desire is endless. Do you agree to this opinion?

2. Are you satisfied with your life? Why or why not?

3. How can you make your life more abundant and meaningful?

4. What do you think gives you real joy and happiness?

5. In what area(s) of your life do you think you need improvement?

무엇이 진정한 즐거움과 행복을 줍니까?

사람들은 인간의 욕망이 끝이 없다고 말합니다. 하지만 물질적 풍요만으로는 장기적인 만족을 줄 수가 없습니다. 만약 여러분이 억만장자이며 원하는 모든 것을 다 가지고 있다면 정말로 행복할 것 같습니까? 여러분은 돈 많고 유명한 사람들이 자신이 하는 일에 대해서 항상 만족하고 신이 난다고 생각하십니까?

정말 중요한 것은 내적 만족입니다. 무엇이 진정한 내적만족을 준다고 생각하십니까? 여러분은 자신의 삶에 대해서 만족하십니까? 마음의 평안이 있습니까? 여러분의 삶을 더 풍요롭고 의미 있게 할 수 있는 좋은 방법으로는 어떤 것이 있을까요? 어떻게 하면 진정한 기쁨과 행복을 맛볼 수 있을까요?

이 모든 질문에 대한 답을 찾고 있다면 저는 여러분과 함께 나누고 싶은 것이 있습니다. 하지만 그 전에 저는 다음과 같은 질문을 던지고자 합니다. 여러분의 삶의 목적은 무엇입니까?

Part A 정답 및 풀이

1. People say _____ man's desire is endless.
   (a) what   (b) that   (c) which   (d) when

   정답: (b) that
   문장의 주어는 People이며 동사는 say입니다. 그리고 그 이하는 동사 say의 목적어인 that절입니다. 따라서 정답은 that입니다.
   문장 해석: 사람들은 인간의 욕망이 끝이 없다고 말합니다.

2. Would you be really happy if you were a billionaire and _____ all you wanted?
   (a) have   (b) has   (c) had   (d) having

정답: (c) had

가정법 과거의 문장으로서 '만일 ~ 라면'이라는 뜻으로 현재 사실에 반대 되는 일을 가정하고 있습니다. 가정법 과거의 형태는 'If + 주어 + 동사의 과거 ~, 주어 + 조동사의 과거 + 동사원형'이므로 정답은 동사 have의 과거형인 had입니다.

문장 해석: 만약 여러분이 억만장자이며 원하는 모든 것을 다 가지고 있다면 정말로 행복할 것 같습니까?

3. Are you satisfied _____ your life?
   (a) with   (b) at   (c) for   (d) in

정답: (a) with

'~ 에 대해서 만족하다'는 주로 'be satisfied with ~'로 표현합니다.
문장 해석: 여러분은 자신의 삶에 대해서 만족하십니까?

4. I am looking _____ the meaning of my life.
   (a) at   (b) over   (c) on   (d) for

정답: (d) for

'look for ~'는 '~ 을 찾다'라는 표현입니다.
문장 해석: 저는 삶의 의미를 찾고 있는 중입니다.

5. What do you think _____ you inner satisfaction?
   (a) give   (b) gives   (c) giving   (d) to give

정답: (b) gives

문장의 주어가 단수이고 시제가 현재이므로 gives가 정답입니다.
문장 해석: 무엇이 내적 만족을 준다고 생각하십니까?

Part B 샘플 답변 및 해설

1. Man's desire is endless. Do you agree to this opinion?
   (인간의 욕망은 끝이 없습니다. 여러분들은 이 의견에 동의하십니까?)

A Sample Answer(샘플 답변)
   Yes, I do. I think I make enough money to live a decent life, but I want to make more money. I want to buy a more expensive house. And I want to be rich enough to buy a fancy sports car.
   (예, 그렇습니다. 저는 남부럽지 않은 삶을 살 수 있을 만큼 충분한 돈을 번다고 생각합니다. 하지만 저는 더 많은 돈을 벌고 싶습니다. 더 비싼 집을 사고 싶고 멋진 스포츠카를 살 수 있을 만큼 부자가 되고 싶습니다.)

2. Are you satisfied with your life? Why or why not?
   (지금의 삶에 만족하십니까? 왜 그렇습니까 혹은 왜 그렇지 않습니까?)

Sample Answers(샘플 답변)
   Person A: I am very satisfied with my life. I earn enough money to feed my family. My children are doing well at school. My wife is a successful career woman. And, on top of that, I got a promotion yesterday.
   (저는 저의 삶에 매우 만족합니다. 저는 가족을 부양할 수 있을 만큼 충분한 돈을 법니다. 저의 아이들은 학교생활을 잘하고 있습니다. 저의 아내는 성공적인 커리어 우먼입니다. 그리고 게다가 저는 어제 진급을 했습니다.)
   Person B: I have a stable job. I am happily married. But I am not really satisfied with my life. All of my friends make a lot more money than I do. They live in bigger houses. They eat out at fancy restaurants on weekends. I guess human desires are endless.

(저는 안정된 직장이 있습니다. 행복한 결혼생활도 하고 있습니다. 하지만 저는 저의 삶에 그리 만족하지는 못하고 있습니다. 저의 친구들은 모두 저보다 훨씬 더 많은 돈을 법니다. 더 큰집에 살고 있으며 주말이면 멋진 레스토랑에서 식사를 합니다. 인간의 욕망은 끝이 없는 것 같습니다.)

3. How can you make your life more abundant and meaningful?
   (어떻게 하면 삶을 더 풍요롭고 의미 있게 할 수 있을까요?)

A Sample Answer(샘플 답변)

I think we can make our lives more abundant and meaningful if we reach out to others in need. If we share what we have with others, we can make our community a better place to live in.
(제 생각에는 도움을 필요로 하는 사람에게 다가간다면 더 풍요롭고 의미 있는 삶을 살 수 있다고 봅니다. 우리가 가진 것을 다른 사람과 나눈다면 지역사회는 더 살기 좋은 곳이 될 수 있을 것입니다.)

4. What do you think gives you real joy and happiness?
   (무엇이 진짜 기쁨과 행복을 준다고 생각하십니까?)

A Sample Answer(샘플 답변)

I think real joy and happiness come from inner peace and satisfaction. I have peace in my heart because I always try to look on the bright side of things. I am thankful for what I have. I am satisfied with my life.
(진짜 기쁨과 행복은 내적 평안과 만족에서 온다고 생각합니다. 저는 항상 사물의 밝은 면을 보려고 노력하기 때문에 마음의 평안이 있습니다. 저는 제가 가진 것에 대해서 감사하고 있습니다. 저는 저의 삶에 만족합니다.)

5. In what area(s) of your life do you think you need improvement?
   (삶의 어떤 면에서 향상이 필요하다고 생각하십니까?)

A Sample Answer(샘플 답변)

I think I need to learn to manage my time more effectively and wisely. It's just a waste of my precious time if I goof around and do nothing when I am free.
(저는 제 시간을 더 효율적이고 현명하게 관리하는 법을 배울 필요가 있다고 생각합니다. 여가 시간에 빈둥거리며 아무것도 하지 않으면 귀중한 시간의 낭비입니다.)

30. Finding the right person for you

What do you think comes first when it comes to marriage? There are a number of factors that you should consider before you actually tie the knot. You should be careful when you choose your lifetime partner. Always remember that nobody is perfect and that arguments and disagreements are common among couples. Pay attention to what other people say. It is also a good idea to ask your parents for advice. You should keep in mind that marriage is not like buying a shirt at a store.

Suppose you went shopping online for a change and bought a shirt on the spur of the moment because it looked so nice and stylish. Upon the arrival of the product, you tried it on only to find out that it didn't fit you at all. What would you do then? You can either exchange it with another one or if you don't like it, you can return it and get your money back. Simple, isn't it? But marriage is quite different. It doesn't work that way. Once you get married, it's final. You can't take it back.

Part A: Choose the best answer to fill in the blank.

1. What do you think comes first when it comes to _____ ?
    (a) marry   (b) marries   (c) marrying   (d) marriage

2. You should pay attention _____ what other people say.
   (a) to   (b) for   (c) at   (d) on

3. It is also a good idea _____ your parents for advice.
   (a) ask   (b) asks   (c) asking   (d) to ask

4. I went _____ for a change yesterday.
   (a) shop   (b) shops   (c) shopping   (d) to shop

5. I bought a shirt, _____ it didn't fit me at all.
   (a) and   (b) but   (c) or   (d) so

Part B. Rewrite the underlined word or phrase correctly.

1. You should keep in mind that marriage is not like <u>buy a shirt</u> at a store.

2. You can either exchange it with another one <u>and</u> get a refund.

3. I think that family background <u>come</u> first when it comes to marriage.

Part C. Answer the following questions in English.

1. Have you ever been on a blind date?

2. Do you believe in love at first sight?

3. Describe the appearance(and character) of the person you would like to

go out with.

4. What do you think comes first when it comes to marriage?

5. How many children do you want to have?

올바른 배우자 찾기

결혼을 하는 데 있어서 무엇이 첫 번째로 중요하다고 생각하십니까? 여러분들이 결혼을 하기 전에 고려를 해야 할 여러 가지 많은 요소들이 있습니다. 평생의 반려자를 선택할 때 신중해야 합니다. 완벽한 사람은 아무도 없다는 것과 말다툼과 의견차이는 부부 사이에서 흔하다는 것을 항상 기억하세요. 다른 사람들이 하는 말에 귀를 기울이세요. 부모님들에게 조언을 구하는 것도 좋은 생각입니다. 결혼이라는 것은 가게에서 셔츠를 사는 것과는 다르다는 것을 명심해야 합니다.

기분전환으로 온라인쇼핑을 했을 때 어떤 셔츠가 너무 멋지고 세련되게 보여서 그것을 즉흥적으로 구입을 했다고 합시다. 셔츠가 도착하자마자 그것을 입어본 후에 몸에 전혀 맞지 않는다고 가정해 봅시다. 이럴 경우 여러분들은 어떻게 하시겠습니까? 셔츠는 다른 것과 바꾸거나 혹은 마음에 들지 않는다면 환불을 할 수가 있습니다. 간단합니다. 그렇죠? 하지만 결혼은 매우 다릅니다. 결혼은 그런 식으로 되지 않습니다. 일단 한 번 결혼하면 그것으로 끝입니다. 물릴 수는 없습니다.

Part A 정답 및 풀이

1. What do you think comes first when it comes to _____ ?
   (a) marry   (b) marries   (c) marrying   (d) marriage

정답: (d) marriage

'when it comes to ~'는 우리말로 하면 '~에 대해서', '~에 관한 한' 혹은 '~의 문제에 있어서는'라는 표현으로 그 뒤에는 명사나 동명사가 옵니다. 따라서 정답은 **marriage**입니다.
문장 해석: 결혼하는 데 있어서 무엇이 첫 번째로 중요하다고 생각하십니까?

2. You should pay attention _____ what other people say.
   (a) to   (b) for   (c) at   (d) on

정답: (a) to
'pay attention to~'라는 표현은 '~에 주목하다', '~에 주위를 기울이다'라는 뜻입니다. 기본적인 숙어표현이므로 반드시 알아둡시다.
문장 해석: 다른 사람들이 하는 말에 귀를 기울이세요.

3. It is also a good idea _____ your parents for advice.
   (a) ask   (b) asks   (c) asking   (d) to ask

정답: (d) to ask
원래 'To ask your parents for advice is also a good idea.'라는 문장에서 It이라는 가주어가 문장 앞으로 나온 것이며, 진주어인 To ask your parents for advice가 길어서 문장 뒤로 넘긴 형태입니다. 영어의 특성상 주어가 길 경우 대개 주어를 문장의 뒤쪽으로 보냅니다.
문장 해석: 부모님들에게 조언을 구하는 것도 좋은 생각입니다.

4. I went _____ for a change yesterday.
   (a) shop   (b) shops   (c) shopping   (d) to shop

정답: (c) shopping
'go + ~ing'로 쓰이는 경우가 많은데 그 예로는 'go swimming', 'go hunting', 'go fishing', 'go hiking', 'go camping', 'go shopping', 'go bowling' 등이 있으며 그 뜻은 '~하러 가다'입니다.

문장 해석: 저는 어제 기분전환으로 쇼핑을 갔습니다.

5. I bought a shirt, _____ it didn't fit me at all.
   (a) and   (b) but   (c) or   (d) so

정답: (b) but
'I bought a shirt.'라는 문장과 'It didn't fit me at all.'이라는 두 문장의 의미를 가장 잘 연결시켜줄 수 있는 말을 고르는 문제입니다. 셔츠를 한 장 구입했는데 몸에 전혀 맞지 않았다는 말이므로 의미상 but이 가장 알맞은 말입니다.
문장 해석: 저는 셔츠를 한 장 구입했지만 몸에 전혀 맞지 않았습니다.

Part B 정답 및 풀이

1. You should keep in mind that marriage is not like <u>buy a shirt</u> at a store.

정답: buy a shirt → buying a shirt
'가게에서 셔츠 한 장을 사는 것', 즉 '~ 하는 것'을 표현해야 하므로 'buying a shirt'로 바꾸어 써야 합니다.
문장 해석: 결혼이라는 것은 가게에서 셔츠를 사는 것과는 다르다는 것을 명심해야 합니다.

2. You can either exchange it with another one <u>and</u> get a refund.

정답: and → or
'either A or B'는 'A 혹은 B'라는 뜻으로 쓰입니다. 이 표현을 알면 쉽게 풀 수 있는 문제입니다.
문장 해석: 당신은 그것을 다른 것으로 바꾸거나 환불을 받을 수 있습니다.

3. I think that family background <u>come</u> first when it comes to marriage.

정답: come → comes

'family background'가 that절의 주어로서 3인칭 단수이며 시제가 현재이므로 comes로 바꾸어 써야 합니다.

문장 해석: 제 생각에는 결혼하는 데 있어서는 가정환경이 제일 중요하다고 생각합니다.

Part C 샘플 답변 및 해설

1. Have you ever been on a blind date?(소개팅을 한 적이 있습니까?)

   A Sample Answer(샘플 답변)
   Yes. A friend of mine introduced his younger sister to me a few years ago. We became boyfriend and girlfriend. We are in love with each other.
   (예, 제 친구가 여동생을 몇 년 전에 저에게 소개시켜 주었습니다. 저희들은 연인이 되었고 서로 사랑하는 관계입니다.)

2. Do you believe in love at first sight?
   (첫눈에 반하는 경우가 있다고 믿습니까?)

   A Sample Answer(샘플 답변)
   I have been going out with my girlfriend for almost three years. We fell in love with each other when we met for the first time. I definitely believe in love at first sight.
   (저는 여자 친구와 거의 3년 사귀고 있는 중입니다. 우리는 처음 만났을 때 서로 사랑에 빠지게 되었습니다. 저는 분명히 첫눈에 반하는 것을 믿습니다.)

3. Describe the appearance(and character) of the person you would like to go out with.(데이트하고 싶은 상대의 외모(그리고 성격)에 대해서 말해보세요.)

Sample Short Answers(샘플 답변)
Person A: I would like to go out with a guy who is handsome and generous.
(저는 잘생기고 너그러운 남자와 데이트하고 싶습니다.)
Person B: I would like to go out with a woman who is pretty and kind.
(저는 예쁘고 친절한 여자와 데이트하고 싶습니다.)

4. What do you think comes first when it comes to marriage?
   (결혼하는 데 있어서 무엇이 제일 중요하다고 생각합니까?)

Sample Short Answers(샘플 답변)
Person A: I think what is important is the family background.
(저는 가정환경이 중요하다고 생각합니다.)
Person B: I think love comes first.
(저는 사랑이 제일 중요하다고 생각합니다.)

5. How many children do you want to have?
   (자녀는 몇 명을 가지고 싶습니까?)

Sample Short Answers(샘플 답변)
Person A: I just want to have one child.
(그냥 한 자녀를 원합니다.)
Person B: I want to have at least two children.
(저는 적어도 두 명의 자녀를 원합니다.)

Basic English Talk

1판 1쇄 발행 2023년 2월 25일

지 은 이 | 이상혁
펴 낸 이 | 김진수
펴 낸 곳 | 한국문화사
등   록 | 제1994-9호
주   소 | 서울시 성동구 아차산로49, 404호(성수동1가, 서울숲코오롱디지털타워3차)
전   화 | 02-464-7708
팩   스 | 02-499-0846
이 메 일 | hkm7708@daum.net
홈페이지 | http://hph.co.kr

ISBN 979-11-6919-090-9 93740

· 이 책의 내용은 저작권법에 따라 보호받고 있습니다.
· 잘못된 책은 구매처에서 바꾸어 드립니다.
· 책값은 뒤표지에 있습니다.

오류를 발견하셨다면 이메일이나 홈페이지를 통해 제보해주세요.
소중한 의견을 모아 더 좋은 책을 만들겠습니다.